気学の初歩から哲理まで

松田統聖 Matsuda Tosei
花澤瑛象 Hanazawa Eisho
共著

風詠社

はじめに

この本は、気学を学び始めた初心者の皆さんを対象に復習と整理、更に知識を深めるために書かれたものです。巷には、気学の様々な書籍がありますが、その多くは占技の紹介に重点がおかれたものが実情です。勿論、基礎知識や基本的な技法は、気学を実践するうえで必須ですが、その知識を深め、その実をより確実なものとするためにも、気学各論の論理まで遡ってみることが有益であることは言うまでもありません。従って前半は気学の基礎的な知識と技法を整理し、後半は、やや掘り下げた視点で、話をすすめてみました。

とくに特別編では、まず「象意の真実」という項目を立て「気学のＡＢＣとも言うべき象意とは、そもそも何のことなのか？」について、私なりの立場から明らかにしてみました。ご存じのように九星の象意を的確にとらえることができなければ、方位や気質、そして運気の強弱まで、正しく判断し実践することはできません。従来「気学は方位学」といわれて特徴づけられていますが、私はあえて「気学はある意味で現象学であり、それが象意の成り立つ基盤である」と理解したいと思っており、このような私の考え方はこの本の各章に行き渡っております。

さて、令和2年、そして3年は、新型コロナ蔓延のため、すべての行動が制限されるという異例の年となってしまいました。このような異例の事態のもとで執筆、出版するために、気学論の各章を私が執筆し、それを基礎とした第Ⅲ章「気学初歩の鑑定例」そして特別編の「イメージとしての象意」は、花澤瑛象氏が担当するという形をとることになりました。

『気学の初歩から哲理まで』という欲張った題目をつけましたが、本書が気学に関心をもつ皆様に、気学理解の一助となれば幸いでございます。

令和3年8月1日

松田統聖　記す

気学の初歩から哲理まで◉目次

気学の初歩から哲理まで

松田統聖　花澤瑛象

第Ⅰ章　気学初歩の理解

松田統聖

この章では、9項目について話をすすめていきますが『気学の初歩から哲理まで』という本書の題名のとおり、気学の基礎的な解釈の知識にとどめてありますので、その先の知識については、本書第Ⅳ章　気学の真実　あるいは随時紹介している拙著をお読み下さい。

［1］本命星と月命星の理解

1．本命星

本命星とは、人が生まれるときに、その人が肺臓に吸い込んだ、その年の年盤の中宮の気を言います。これは本命の気ともいい、人が生まれ出でるときに、時空を限って個々人に個別化されて取り込まれた、天地に満ちあふれる生々の気エネルギーを意味しています。

例えば、平成5年6月20日が生年月日の人であれば、この世に生まれ出るとき、年盤の中宮の癸酉七赤金星の気を肺に吸い込んで生まれ出てきたので、この人の本命星は、酉の七赤金星ということになります。本命星の気は、その人の気質の基本を構成し、相手との相性をみたり、年ごとの吉凶方位を決めたり、さらに年々歳々（流年）の運気の強弱を決定する重要な星（気）であり、その作用は一生涯消えることはありません。ですから、自分の本命星が何であるかを知っておくことは、気学の第一歩となります。

＊みなさんの本命星は、本書付録に掲載してある「本命星早見表」で探してください。

［例］平成5年6月20日生まれの場合は、これによれば本命星は癸酉七赤金星ということが

わかります。つまり、この人は、

［平成５年年盤／この人の本命盤］
（癸酉七赤金星）

巽		南		坤
	6	2	4	
東	ハ 5	7	9 ア	西
	1	3	8	
艮		北		乾

という年盤の年に生まれ、従って、この人の本命盤となります。

2．月命星

月命星とは、生まれた月の月盤の中宮の気をいいます。月にも年と同じく九星が定められており、本命星（年の九星）によって、月命星（月の九星）が変わります。ある年のある月の九星を探すには、本書付録の「月盤一覧」によるか、あるいは『氣學明鑒』を使うことになります。これによれば、平成5年6月20日生まれの人の場合ですと、本命星が癸酉七赤金星、月命星は午の四緑木星ということがわかります。

［平成５年６月月盤
／この人の月命盤］
（午四緑木星）

巽		南		坤
	ｱ3生	8	1	
東	2	4	6	西
	7	ﾊ9	5道	
艮		北		乾

という月盤の月に生まれ、この人の月命盤も同様となります。（月命盤中の道、生については、本章［6］三合の理、天道・生気の理解 の項を参照してください）

この月命星も、本命星についで人の気質を構成する要素となる重要な星です。とくに、20歳未満の人の場合は、その人の気質、運気、方位の吉凶などは、すべて月命星で鑑定します。但し、気質の内容については本命星としての九星の解釈、月命星としての九星の解釈というような別はなく、本命星の九星も月命星の九星も、その気による気質は同じであり、例えば三碧木星の気質が本命星の場合と月命星の場合で異なるということはありません。このほか、月命星の場合には、傾斜法、月命盤鑑定法という占技の基本となる星で、重要な役割をもっています。傾斜法、月命盤鑑定については、それぞれ［7］と［8］で解説いたします。

〈注意〉

一年間は、気学では、立春（2月4日頃）から翌年の節分（2月3日頃）までの間であり、一ケ月は、その月の節入り日から次の節入り日前日まで、ということになります。

例えば、平成2年2月3日生まれの人は、本命星が己巳二黒土星となり、平成2年2月4日生まれの人は、本命星が庚午一白水星となり、この結果、気質、運気とも異なります。（平成

2年2月3日は、まだ平成元年の本命星になるためです)

なお、生まれた日の日盤の中宮の気を日命星といいます。先ほどの平成5年6月20日の場合は、日命星は壬申一白水星ということになりますが、生まれた日の中宮の気は、一週間と体内にとどまりませんので、気質、方位、運気などの鑑定では使いません。

このように、人間と天地自然の気は切っても切り離せない極めて密接な関係をもっていますので、本命星、月命星を知ることは、その人の気質、ライフスタイルなどを解析する有力な手がかりとなります。

原則的には、その人の気質で、おおよそ50%を占めるのが七赤金星の気の作用で、30%程度を占めるのが四緑木星の気の作用、残りの20%を傾斜(八白土星)で補うとするのが目安です。しかし、これでは、獲得出来る情報が荒削りになるため、より多くの情報を得るために、これに加えて蔵気、月命三合という星も導き出して九星構造式を作成します(九星構造式については本章[9]で解説いたします)。これによって、本命星を軸として、月命星、傾斜、蔵気、月命三合などを視野に入れて、総合的に気質を解析する方法も有効です。

その際、導き出された九星の象意の解釈は、本項末の「九星と人の気質」を軸に解釈していきます。

なお、蔵気、月命三合、九星構造式については、本章［9］で解説致します。

九星と人の気質

☆一白水星の人の気質

（1）受け身で柔和な雰囲気だが、芯は強い。

（2）苦労性で、悩み事を自分で抱え込む。

（3）冷静で注意深く、細心。

（4）駆け引き上手。

（5）偏屈な面がある。

☆二黒土星の人の気質

（1）地味で几帳面。

（2）人の世話をよくする。

（3）従順で目上の人を補佐するが、自分で決断するのは苦手。

（4）コツコツと努力型。
（5）粘り強く、手がけたことを途中で放り出すことがない。

☆三碧木星の人の気質
（1）頭の回転が早く、独創性がある。
（2）言動が積極的で賑やか。感情的で激しやすい。
（3）口が達者で黙っていることができない。
（4）敏感で神経質な面がある。
（5）協調性にやや欠ける。

☆四緑木星の人の気質
（1）温和で人あたりがよく、調整能力が高い。
（2）男性であっても女性的な雰囲気がある。
（3）押しがきかない。迷うことが多く、決断力に欠ける。
（4）綿密で器用。細かい仕事、正確さを求められる仕事に向く。
（5）意外と利にさとく、計算高い面がある。

☆五黄土星の人の気質
（1）表面は柔和で親分的な雰囲気をもち、面倒見が良い。
（2）唯我独尊的な面があり、自分が中心でないと面白くない。
（3）執念深く、なかなか自分の考えを変えない。
（4）自分に従う人には面倒見が良く寛大。抗う人に対しては徹底的に戦う。
（5）大勝負が好きで、自分の心をコントロールできないと読み間違えて自滅する。

☆六白金星の人の気質
（1）自尊心が高く愛想がない。人の風下に立つのを嫌う。
（2）頭脳がよくリーダーの素質があり、大人びた風格がある。
（3）五黄土星のリーダーは多面的な顔をもって対応するが、六白金星のリーダーは強気一点張りという違いがある。
（4）攻撃的な面が強く、ワンマン。
（5）横柄、傲慢とみられ無用な損をすることが多い。

☆七赤金星の人の気質

（1）弁舌が巧み。社交性に富み、人気がある。

（2）自分が感じたことをストレートに口にしてしまう。

（3）男性でもやや女性的で繊細。

（4）嫉妬心、負け惜しみが強い。

（5）締まり屋で打算的な面がある。

☆八白土星の人の気質

（1）表面は穏やかで、やや無愛想だが、友人には恵まれる。

（2）保守的で人間的な面白さに欠けているが，粘り強く丁寧で器用。

（3）経済観念が発達していて、無駄を嫌う。

（4）疑り深い面がある。

（5）挫折することが少ない努力家。

☆九紫火星の人の気質

（1）頭がシャープで直感力が鋭く、芸術的センスが豊富。神経質。

(2) 弁舌が巧みで人の心を捉えるのがうまいので、それで出世する。
(3) プライドが非常に高く、それを守るために人を傷つけることがある。
(4) 見栄っ張りで名誉を追い、自己顕示欲が強いため足が地についていない。
(5) 忍耐力が弱く、熱しやすく冷めやすいので、大きな仕事を為し遂げることは苦手。

[2] 方位吉凶原則の理解

1. 凶方位の原則

(1) 五大凶方（年盤、月盤、日盤、刻盤とも）

①五黄殺：五黄土星が回座する方位のことで自滅、壊滅に帰する。
②暗剣殺（アと略）：五黄土星が回座する方位の対冲方位のことで五黄殺と同様の凶作用をうける

＊気学の対冲：互いに向かい合う位置関係の星のこと、両者の間にはエネルギーのやりとりにおいて、特別な関係を持つことがある。

[後天定位盤の場合の対冲関係の星]

一白水星と九紫火星
三碧木星と七赤金星
四緑木星と六白金星
二黒土星と八白土星

巽	南		坤
4	9	2	
東 3	5	7	西
8	1	6	
艮	北		乾

③破（ハと略）‥その年、月、日、時刻の十二支の対冲方位のことで主に職業、仕事の計画の挫折、収益の減少などを招く。

＊九星と十二支の関係については、付録の月盤一覧をご覧下さい。

④本命殺‥その人の本命星が回座する方位のことで自滅、壊滅に帰する。

⑤本命的殺（的殺と略す）‥本命殺方位の対冲のことで自滅、壊滅に帰する。

＊④⑤とも20歳未満は月命星でみます。

[例]平成8年12月17日生まれの人の令和3年の五大凶方

20

平成８年12月17日生まれの人の本命星と月命星

本命星：丙子四緑木星　　月命星：庚子七赤金星

［令和３年（辛丑六白金星）年盤］

	巽	南	坤	
	[5]	1	[3] ハ	
東	[4]	6	[8]	西
	9	2	[7] ア	
	艮	北	乾	

□は五大凶方

この人の令和３年の五大凶方は

①巽（東南）：五黄殺
②乾（西北）：暗剣殺
③坤（南西）：歳破
④東：本命殺
⑤西：的殺

(2) 小児殺方位

気学では、五大凶方に準ずる凶方として、小児殺があります。これは10歳未満の子供に関わる凶方位で、小児がこの方位を使うと、事故、重い病気にかかるとされています。旅行や移転の際には、とくに注意が必要です。なお、やっかいなことは凶方位の定め方で、その年の十二支によって小児殺方位の九星が異なり、しかも、その方位は月盤上の該当する九星回座方位となり、従って月毎に方位が変わりますから注意が必要です。

例えば、平成28年3月8日生まれの子供は、本命星は丙申二黒土星、月命星は卯一白水星です。令和3年を現在とすると6歳ですから、小児殺の対象となります。令和3年は丑年ですから、従って、この子にとっては、令和3年は、五大凶方のほかに、毎月九紫火星が回座する方位が小児殺方位となり、この方位への宿泊を伴う旅行などは避けることが必要となります。

［小児殺方位一覧表］

年の十二支	小児殺の方位
子、午	毎月八白土星の回座方位
丑、未	毎月九紫火星の回座方位
寅、申	毎月二黒土星の回座方位
卯、酉	毎月三碧木星の回座方位
辰、戌	毎月五黄土星の回座方位
巳、亥	毎月六白金星の回座方位

＊小児殺の仕組みは三合五行の理、あるいは、九星と十二支との関係のように絶妙な組み合わせから構成されています。例えば、小児殺方位には、一白水星、四緑木星、七赤金星の星は含まれていません。それは何故なのか、これもまた気学の論のなかでのひとつの注目すべきテーマのひとつといえるでしょう。

（3）相剋方位（年盤、月盤、日盤、刻盤とも）

〔相剋一覧表〕

本命星	相剋となる九星
一白水星	二黒土星　五黄土星　八白土星　九紫火星
二黒土星	一白水星　三碧木星　四緑木星
三碧木星	二黒土星　五黄土星　六白金星　七赤金星　八白土星
四緑木星	二黒土星　五黄土星　六白金星　七赤金星　八白土星
五黄土星	一白水星　三碧木星　四緑木星
六白金星	三碧木星　四緑木星　九紫火星
七赤金星	三碧木星　四緑木星　九紫火星
八白土星	一白水星　三碧木星　四緑木星
九紫火星	一白水星　六白金星　七赤金星

＊20歳未満は月命星でみます。

先ほどの平成8年12月17日生まれの人（本命丙子四緑木星）の令和3年の年盤での相剋方位は、次のように西、乾（西北）、北となります。

［令和3年（辛丑六白金星）の年盤］

巽		南		坤
	[5]	1	3 ハ	
東	4	6	[8]	西
	9	[2]	[7] ア	
艮		北		乾

□は相剋方位

以上から、平成8年12月17日生まれの人の令和3年の年の五大凶方と相剋による年の凶方位とをあわせた方位は次のようになります。

［令和3年（辛丑六白金星）の年盤］

巽		南		坤
	[5]	1	[3] ハ	
東	[4]	6	[8]	西
	9	[2]	[7] ア	
艮		北		乾

□は五大凶方と
相剋方位とを表す

このように、四緑木星を本命とする人の令和3年の年の凶方は、五大凶方と相剋の凶方とをあわせて、艮、南以外の6方位となります。

（月の凶方も月盤を基本にして同様の手順で求めます）

2．吉方位の原則

（1）相生・比和方位（年盤、月盤、日盤、刻盤とも）

〔相生・比和一覧表〕

本命星	相生・比和となる九星
一白水星	三碧木星　四緑木星　六白金星　七赤金星
二黒土星	（五黄土星）　六白金星　七赤金星　八白土星　九紫火星
三碧木星	一白水星　四緑木星　九紫火星
四緑木星	一白水星　三碧木星　九紫火星
五黄土星	二黒土星　六白金星　七赤金星　八白土星　九紫火星
六白金星	一白水星　二黒土星　（五黄土星）　七赤金星　八白土星
七赤金星	一白水星　二黒土星　（五黄土星）　六白金星　八白土星
八白土星	二黒土星　（五黄土星）　六白金星　七赤金星　九紫火星
九紫火星	二黒土星　三碧木星　四緑木星　（五黄土星）　八白土星

＊五黄土星方位は、たとえ相生であっても方位で使う場合には吉方位とはならず、五黄殺という大凶方となります。

＊20歳未満は月命星でみます。

（2）天道方位、生気方位（月盤のみに適用）

［天道、生気一覧表］

月	天道方位	生気方位	月	天道方位	生気方位
2月（寅）	南	北	8月（申）	北	南
3月（卯）	坤	艮	9月（酉）	艮	坤
4月（辰）	北	南	10月（戌）	南	北
5月（巳）	西	東	11月（亥）	東	西
6月（午）	乾	巽	12月（子）	巽	乾
7月（未）	東	西	1月（丑）	西	東

［例］同じく、平成８年12月17日生まれの人の令和３年５月の年盤と月盤での吉方位は、本命星が丙子四緑木星ですから、次のようになります。

［令和３年（辛丑六白金星）の年盤］

巽		南		坤
	5	[1]	3ハ	
東	4	6	8	西
	[9]	2	7ア	
艮		北		乾

□は年の相生方位

［巳５月の月盤］

巽		南		坤
	[1]	6	8ア	
東	**9生**	2	**4道**	西
	5	7	3ハ	
艮		北		乾

□は月の相生方位

4 は天道方位

9 は生気方位

西は本命の四緑木星が回座して、本命殺（大凶方）ですが、同時に天道（吉神）を帯同しており、巽方に一白水星が回座して、本命四緑木星と相生であるため月の吉方となります。

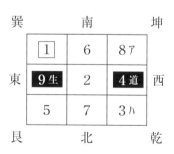

また、東は九紫火星が回座して、的殺（大凶方）ですが、しかし生気（吉神）を帯同しているため、東西とも吉凶神共在となりますが、天道、生気の吉意が勝りますので月の吉方位となります。結論として、この人の5月の吉方は巽（南東）、東、西の三方位となります。以上のようにして、年、月の吉方位を求めます。

［3］同会法の理解

気学の基本的な占技の一つ。後天定位盤、遁行盤（年盤、月盤、日盤、刻盤）を重ね合わせて、巡りくる運気がいかなるものであるか、あるいは、使う方位の吉凶を推しはかります。

①年の運気の強弱や内容は、後天定位盤のうえに年盤を重ねて、年盤上の本命星が、後天定位盤の同会する（重なる）宮の運期と象意を読みとります。

②月の運気の強弱や内容は、月盤を年盤の上に重ねて同会する年盤の宮と九星の象意を読み取りますが、月運は運気の強弱においては年運に制約されますので、年盤で本命星がどこに回座しているかを押さえておく必要があります。

③移転など、年単位の方位の吉凶は年盤でみますが、旅行など45日未満の方位の移動の吉凶は月盤を主とし、年盤を重ね合わせて同会する方位の吉凶も考慮します。

以下、年運、月運の場合における同会法の例を紹介しますと、運気の場合、例えば、本命一白水星の人の令和5年（癸卯四緑木星）の年運の場合、年盤と後天定位盤は次のようになります。

［後天定位盤］

南

東	4	9	2
	3	5	7
	8	1	6

西

北

〈同会関係〉

［令和5年 年盤］
（癸卯四緑木星）

南

東	ア3	8	1
	2	4	6ハ
	7	9	5

西

北

このように本命星が一白水星の人は、令和5年は後天定位盤の坤宮（二黒土星）に回座します。坤宮は運期で言えば盛運の一期であり、それまで続いてきた衰運期からの運気の転換期になる座であります。即ち、意欲も前向きになり、努力、行動力に移す気力も充実してくる年になるので、何事も積極的に行動するのによい時期となります。但し、盛運に入った最初の年なので、成果が形となるのには、やや時間がかかります。

あるいは、本命二黒土星の人は、年盤の震宮に回座、後天定位盤の三碧木星に同会するので、盛運期となり三碧木星の気の積極的な作用をうけ、二黒土星の人としては、前進力がこみ上げてきて、先へ先へと諸事に向かっていく気持ちが芽生えます。また、本命が四緑木星の人は、年盤で中宮に回座し五黄土星と同会していますので、気力充実のあまり、時として自信過剰になり「やり過ぎ」「言い過ぎ」になります。しかし、中庸を旨とし、心のコントロールをすれば、何事も成果を出すことが出来る最盛運気の年となります。

＊運気の読み取りについては、本章［4］運気強弱原則の理解［5］九宮回座の運気の理解の事例紹介を参照してください。

なお、月運についても、同会法を適用して運気を推命することになりますが、年運の場合と異なり、年盤の上に月盤を重ねるという形での同会法を使用して、月の運気を評価します。但し、月運の場合の運気の強弱については、その星の年運を考慮しなければなりません。

例えば、本命九紫火星の人の令和5年（癸卯四緑木星）9月節の月運を見る場合、

［令和5年 年盤］
（癸卯四緑木星）

南

	ア3	8	1	
東	2	4	6ハ	西
	7	⑨	5	

北

〈同会関係〉

［9月 月盤］
（西一白水星）

南

	⑨	5	7生	
東	ハ8	1	3	西
	道4	ア6	2	

北

このように9月は年盤の巽宮に回座し、暗剣殺を帯同した三碧木星と巽宮で同会していますから、この月は巽宮の特徴である人間関係において、九紫火星の欠点である感情的なトラブルを引き起こさないように心がけることが、肝要となります。また、次項で解説するように、この年は、本命星の九紫火星が衰運5期に入っていますから、慎重な行動が求められることになります。

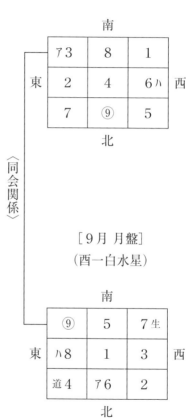

以上のように、気学の主目的である運気の強弱、方位の吉凶の判断では、同会法という占技が基本になっていることがわかります。

［4］運気強弱原則の理解

気学では、九星によって9年毎に巡ってくる大運の三つのパターンと毎年の年盤上での本命星の遁行で読み取る流年運とがあります。

1．大運

本命星によって三パターンに区分され、表にすると次のようになります。

初年運	中年運	晩年運
（25～28歳）	（34～37歳）	（43～46歳）
（34～37歳）	（43～46歳）	（52～55歳）
（43～46歳）	（52～55歳）	（61～64歳）
［該当する本命星］	［該当する本命星］	［該当する本命星］

三碧木星 四緑木星	一白水星 九紫火星	二黒土星 六白金星 七赤金星 八白土星

＊五黄土星は不変運といい、各盛運期に通じます。これを含めると四つのパターンになります。

この表中の各運気の期間は、いずれも坤宮、震宮、巽宮、中宮に回座する4年間であり、その理論的基礎は、中宮を誕生年（数え年）として1歳とし、人として心身が整う20歳を越えて、本命星が坤宮に回座した年から4年間が始めて盛運期となる場合を初年運とよび、第1期が25歳から28歳の4年間、第2期が34歳から37歳までの4年間、第3期が43歳から46歳までの4年間となります。この初年運の人は、三碧木星と四緑木星を本命星として持つ人です。次いで坤宮に回座する34歳から4年間が盛運期の最初となる場合を中年運といい、同じく9年毎に坤宮回座からの4年間、そして52歳からの4年間で、一白水星、九紫火星を本命星としてもつ人が該当します。次いで43歳で坤宮に回座する時に、はじめて盛運期が始まる人を晩年運とよび、二黒土星、六白金星、七赤金星、八白土星を本命星にもつ人となります。

後天定位盤の各宮を盛運期、衰運期の年齢と重ねて表したものが次の表です。

巽		南		坤
	27. 36. 45 54. 63	32. 41. 50 59. 68	25. 34. 43 52. 61	
東	26. 35. 44 53. 62	28. 37. 46 55. 64	30. 39. 48 57. 66	西
	31. 40. 49 58. 67	33. 42. 51 60. 69	29. 38. 47 56. 65	
艮		北		乾

□ は盛運期の宮

■ は衰運期の宮

数字は年齢（数え年）

なお、五黄土星は特別で、初年運、中年運、晩年運に関係なく、20歳を越してから、自分の本命星が坤宮から中宮に回座する4年間は毎回盛運期となります。従って、他の本命の人がすべて人生で3回（1回4年間）の盛運期が巡ってくるのに対して、五黄土星の人に限っては、人生で5回（1回4年間）の盛運期が巡ってくるわけで、この意味で、五黄土星は初、中、晩の区分がないため不変運とされ、強運とされるのです。

以上が、大運の区分と該当する年齢ですが、通常、運気の強弱というときは、年々歳々の流年運を言います。

2．流年運

流年運は、適用されるのはやはり20歳以上の運気で、その人の本命星が、坤宮に回座している年を盛運1期とし、震→巽→中宮と宮毎に2期、3期となり、中宮に入る4期をもって最盛運期とします。それに続く、乾からは乾→兌→艮→離→坎までが衰運期となり、坎宮に回座する衰運5期をもって、衰運の極とします。手順としては、この基準盤の上に年盤を重ねて、同会法を使って読み取ります。この場合、本命星の気質と同会するの象意を基本にしつつ、そこに運期の盛衰を考慮して解釈するところがポイントとなります。

【流年運期　盛衰表】

巽		南		坤
	③巽宮 （盛運３期）	❹離宮 （衰運４期）	①坤宮 （盛運１期）	
東	②震宮 （盛運２期）	④中宮 （盛運４期）	❷兌宮 （衰運２期）	西
	❸艮宮 （衰運３期）	❺坎宮 （衰運５期）	❶乾宮 （衰運１期）	
艮		北		乾

○は盛運期

●は衰運期

流年運の判断の留意点は以下のとおりです。

（1）後天定位盤（運気盛衰表）と年盤を同会させて、同会する年盤の九星の運期を押さえます。

（2）同会する年盤の九星は後天定位盤の同会する宮の気がもつ作用をうけるので、年盤の本命星が、それとの関係からどのような影響をうけるかを判断します。

（3）年盤に三大凶殺がついていれば、運気の力に30〜40％を目安として、ネガティブの影響があるとみます。

（4）なお、五黄土星も他の本命星と同様に運期の盛衰の作用をうけます。

例えば、本命九紫火星の人の令和3年の年運ですと、次の年盤のように、本命星は衰運3期の艮宮に回座していますから、運気の基調は弱いとみます。さらに、本人が相続問題や不動産の売買などの課題をもっていると、この面で動きが出てきます。その場合の動きは、周囲の状況が急変していくことが多く、また、九紫火星の人はせっかちで短慮、他人に影響されやすく神経質ですから、この点を十分に自覚し、心得て対応するとうまく処理できます。

〈**事例①**〉

本命星が五黄土星の人の令和３年の年運の場合を考えますと次のようになります。

［令和３年（辛丑六白金星）年盤］

巽		南		坤
	5	1	3 ハ	
東	4	6	8	西
	9	2	7 ア	
艮		北		乾

［後天定位盤］

巽		南		坤
	4（囲み）	9	2	
東	3	5	7	西
	8	1	6	
艮		北		乾

［令和3年（辛丑六白金星）年盤］

巽		南		坤
	5（囲み）	1	3 ハ	
東	4	6	8	西
	9	2	7 ア	
艮		北		乾

令和3年、本命星は後天定位盤の巽宮に回座するため「整う」という気の作用をうけるので、盛運期のうちでも物事が安定してすすむ一年になります。自営業の人も、会社勤務の人もスムーズに事が運ぶ気の環境が整います。遠近を問わず営業や事業の相手からの信頼が寄せられ、仕事量もふえて手応えや張り合いもあり、評価と実績も上がります。この意味で、何事も積極的に行動できる年になります。労を厭わずいろいろな情報を集め、多くの人の話を聞き役立てることです。但し、環境が順風だからと言って、あちこちと手を出して迷わな

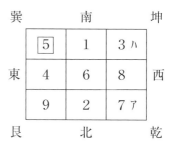

いようにしなければなりません。とくに、五黄土星の人は野心的で何事にも桁外れのところがあり、しかも強引ですから、周囲の意見に耳をかさずに独走し、無理をするとせっかくのよい話も、手からするっと逃げてしまいます。

〈事例②〉

本命星が七赤金星の人の令和3年の年運の場合を考えますと次のようになります。

［後天定位盤］

巽		南		坤
	4	9	2	
東	3	5	7	西
	8	1	6	
艮		北		乾

［令和3年（辛丑六白金星）年盤］

巽		南		坤
	5	1	3 ハ	
東	4	6	8	西
	9	2	7 ア	
艮		北		乾

令和3年、七赤金星は後天定位盤の乾宮に回座しています。衰運期の入り口で、しかも暗剣殺を帯同していますから、本命星の気は弱まり、乾宮の気エネルギーはマイナス方向で作用し、運気は衰となります。また、本命の気エネルギーに対する凶神の作用を推し量る場合、盛運期であっても、衰運期であっても、本命星が凶神を帯同している場合は、盛運期、衰運期という運気の流れは変わりませんが、その流れの中でマイナスの現象を生じやすい、気質の面であれば、短所が出やすいと判断していきます。

但し、運気を判断するということは、実際に身体をもつ人が移動するのではなく、二つの盤（この場合は年盤と後天定位盤）との同会が本命の気にどのような作用を与えるか、同時に、本命の気がどのように反応するかという兆しを示唆することですから、吉凶作用の現象は、方位を使って暗剣殺を犯した場合とは異なり間接的となります。例えば、本命七赤金星の人が暗剣殺を帯同することによって、言葉の鋭さ、打算の素早さなどが短所となってしまい、このような七赤金星の負の作用・象意と乾宮の気の象意（援助者、後援者）との関係から、後援者、協力者との間の金銭がらみのトラブルや、無神経な言葉による人間関係の亀裂や仕事の挫折、企画の破綻、あるいは父親、夫との感情的な争いなどが現象しやすくなります。

3．月運

月運は毎月の細かい運気の上下をみるもので、後天定位盤に年盤を置き、その上に月盤を重ねて、同会法で読み取ります。運期の盛衰の基準は流年運と同様ですが、読み取りにあたっては、後天定位盤の上に年盤を重ね、その上に月盤を置き、同会法で解釈していきます。但し、本命星の気質を基本とし、同会する後天定位盤の宮の運気の強弱に軸をおき、同会する年盤の宮の象意は参考にして解釈していきます。なお、月運はあくまでも1ケ月間の運気の盛衰ですから、吉凶いずれにしても、その影響は年運に比べて短く浅いとみて解釈に反映しなければなりません。

〈事例①〉

昭和48年6月29日生まれの人の令和3年9月の月運

本命星：癸丑九紫火星　　月命星：戊午一白水星

［令和３年 年盤］
（辛丑六白金星）

巽		南		坤
	5	1	3ハ	
東	4	6	[8]	西
	⑨	2	7ア	
艮		北		乾

［９月 月盤］
（酉七赤金星）

巽		南		坤
	6	2	4生	
東	ハ5	7	[9ア]	西
	道1	3	8	
艮		北		乾

本命星の九紫火星は、９月の月盤では暗剣殺を帯同して兌宮に回座し、年盤の八白土星と同会しています。兌宮は衰運期の中であり、このため９月の運気は弱含みで、気力がいま一つのらず、一服感が出る状況であり、気を引き締めないと無駄な出費や人間関係の感情的なもつれから、遺恨を残すような状況に陥ることが予想されます。また、年盤上で九紫火星は艮宮に回座していますから、今年の運気の基調である年運では艮宮に回座し、停滞や急変という、身の処し方の難場にあることも心得ておかねばなりません。

〈事例②〉

昭和55年8月12日生まれの人の令和3年4月の月運

本命星：庚申二黒土星　月命星：甲申五黄土星

［令和3年 年盤］
（辛丑六白金星）

巽		南		坤
	[5]	1	3ハ	
東	4	6	8	西
	9	②	7ア	
艮		北		乾

［4月 月盤］
（辰七赤金星）

巽		南		坤
	[2]	7生	9	
東	ア1	3	5	西
	6	8道	4ハ	
艮		北		乾

この人は、本命星が二黒土星の人で、今年の年盤上で坎宮に回座し、4月の月盤では巽宮で五黄土星と同会しています。二黒土星の気質を生かして、コツコツと努力を重ねてきて、巽宮に回座してこれまで積み上げてきた信用力によって、今月は良い結果が出る月になりま

す。但し、人間関係の古傷などで問題を抱えていないか、融通がきかず周囲に不協和音をだしていないか、などを一度振り返るとよいでしょう。この点をチェックしておかないと、吹宮回座で運気の基調である年運が弱いだけに、見込み違いがでたり、人間関係で不愉快な思いをすることがあります。

以上、気学における運期の盛衰を大運、流年運、そして月運という三つの視点から解説してきました。人生に3回（五黄土星は5回）巡ってくる大きな運気の流れ、そして年ごとの運気のアップダウン、さらには月ごとの運気の注意点を理解して、日々の行動に活かしていくことになりますが、気学を学ぶほどに、運気の解釈の深さも増してきます。

［5］九宮回座の運気の理解―易卦との関係から―

前章の［4］運気強弱原則の理解　では、後天定位盤上での本命星の運気の原理を解説してきました。ところで、気学で忘れてはならないことは、各宮がもつ基本現象は易の卦に依拠しているということです。ここでは、易の八卦と気学の九宮という視点をあわせて、各宮がもつ人の運気への影響を解説していきます。

1．本命星が坎宮（北）に回座する時期の運気

後天定位盤の北は坎宮であり、坎の易卦は「坎（カン）」その正象は「坎為水（カン・イ・スイ）」とされているように「水」であり、坎宮の気が代表する作用・象意は、水の二つの面、即ち、柔軟でありながら、それでいて自分の本質は失わないことです。

つまり、どのような形状の器であっても、その形状を問わずに器の形に順って器に入り、しかも、器の形状に左右されず、自分の本質は失わないというのが水の気なのです。また、坎の文字は、進退窮まること、苦難、苦労とされています。事実、易六十四卦のうち水気が苦難、辛苦を示す卦がこのほかに「水雷屯（スイ・ライ・チュン）」「水山蹇（スイ・ザン・ケン）」「沢水困（タク・スイ・コン）」と三つもあり、所謂、易の四大難卦といわれているほどです。九星の一白水星は易の坎に配当され、一白水星は水であるというのが後天定位盤の北、一白水星の基本定義となります。坎という文字は、坎＝土＋欠（深い穴）という意味をもち、例えば、水が流れていくとき、行く先に深い穴があれば、まず、最初の穴を十分に満たすという労苦をして、

後天定位盤

		南		
	4	9	2	
東	3	5	7	西
	8	1	6	
		北		

その先へと進んでいく、言い換えると、深い穴に陥って這い上がる辛苦を幾度も繰り返すさま、即ち、うち続く苦難の作用の気が展開するのが坎宮とされるのです。また、水ということから、易では、いずれも坎宮に展開する気の作用・象意の特徴が「柔和」「受け身」「芯が強い」「受難」「艱難辛苦」という現象として捉えられていることがわかります。

以上から、坎宮（一白水星）の気は、水の本質である冷静さと柔軟さ、そして苦難の作用・現象をもつ気なのです。従って、このような気が展開する坎宮に回座する時期は、本命星は苦難、労苦という坎宮の影響をうけて気エネルギーの活力が最も低くなるため、運気は衰運の極となります。即ち、坎宮回座の時期は最も気のエネルギーが下降し、気力、判断力、交渉力、発信力、免疫力などが低下します。このため、公私とも、仕事上の苦労、悩み事、交渉事の渋滞が繰り返されることが多く、健康面でも低調になる時期となります。九星の数の時系列から見れば、坎宮は一白水星で九星の数象の最初であり、ここに、運気を周期と捉える気学運命学と、易卦のみで周期は考えない（つまり、八卦を個々独立したものと考える）易との乖離が露呈していると言うことも出来るのです。

つまり気学では、このような遁行の時系列と坎宮の作用・象意から、坎宮回座の年は、衰運一辺倒ではなく、次の盛運期への移行期としての宮になっているのです。この坎宮回座の苦労に耐えかねて、結局心が折れるか、それとも次の盛運期へ気力を繋げるか、対応の仕方は本命星の気質によって異なります。とにかく、この時期は忍耐と辛抱、そして運気の推移を心得て行動し、次に盛運の一期へと繋がる点ではあたかも老人から胎児への転換期ともいえるのであり、不要なエネルギーの消耗を最小限に抑えることが必要な年となります。

2．本命星が坤宮（南西）に回座する時期の運気

後天定位盤の坤宮は、易卦は「坤（コン）」であり、その気がもつ作用・象意は「坤為地（コン・イ・チ）」とあるように「平地」ということになります。平地はすべてを受け入れて吸収し、常に万物に滋味を与えて、根気よく万物を養うことを特徴とする気エネルギーが作用する宮です。時系列的には坎宮回座の衰運期を脱した時期となり、中宮を折り返し点とすると、運気の推移としては衰運期から盛運期に入った時期となります。但し、坤宮は九星では二黒土星の気エネルギーが展開していますから、坤宮回座の時期は本命の気エネルギーが、「土」の作用をうけることになります。しかし、同じ土星でも五黄土星、八白土星などの土性とは違って、二黒土星の気エネルギーの特徴は、

後天定位盤

		南		
	4	9	2	
東	3	5	7	西
	8	1	6	
		北		

「平地」「田畑」の土という象意からわかるように、平坦、着実、繰り返しという現象ですから、この気の影響を受けることによって、坤宮に回座した人は、気持ちの高揚も落ち込みも少なく、日常生活でも可もなく不可もない時期を経験するということになります。このため毎日の生活が、何となくメリハリがなく気持ちの動きがまだ鈍いため、盛運期に入ったという実感があまりありません。他方、坤宮（二黒土星）―中宮（五黄土星）―艮宮（八白土星）という三つの星によって構成される宮は、それぞれ変化作用をもつために、平凡な日々でありながら、よく観察していると、様々な小さな変化が起きる時期でもあります。また、坤宮回座の時期は、土が植物を養うように、根気強く物を養う、面倒をみたり世話をするという二黒土星の気の作用をうけて、家族、親族の問題をかかえている場合は、身辺の人の世話の問題が表面化する時期になります。

いずれにしても、日々の平凡さに寄りかかって運気の推移を見過ごして無為にこの期を過ごしてしまうか、あるいは、しっかりと努力するか、これは気学の運期を識っているか否かによって異なってくると言っても過言ではないでしょう。

3．本命星が震宮（東）に回座する時期の運気

後天定位盤の震宮は東に配置され、易卦は震（シン）で「震為雷（シン・イ・ライ）」とされているところから、自然界の雷がもっている気エネルギーに象徴される作用、現象の気と捉えている宮であることがわかります。即ち、三碧木星の気エネルギーは、「震う気」「大は大気を轟かせる大音響、小は言葉による音」に至るまで、さらには「事態を急進させる気」「万物を構成する陰陽の気の結びつきを揺さぶり、摩擦して成長を促進させる気」という作用をもっていると見ます。運期の推移としては、盛運期に入った気の流れを引き継いでいる時期ですから、人が震の気の発動するエネルギーをうけて、「事態が急進する気」運気の急進現象が著明となります。また「陰陽の気がこすれ合い」「万物の成長を奮い立たせる気」という作用・象意から、三碧木星の気を本命星としてうけた人は、「活発である」「若々しい」「性急（せっかち）」「感情的」という気質の特徴をもっています。ですから、本命星がこのような気エネルギーが展開する震宮に回座すると、いかなる人も「急進・急激」という気エネルギーの作用の中に身をおくことになります。ま

後天定位盤

		南		
	4	9	2	
東	3	5	7	西
	8	1	6	
		北		

た、「震＝ふるう」という意味から、自分自身を外部へ現象させる、あからさまにするという作用があり、震宮回座の時期には、「自分から明らかにする」「うっかり隠し事を暴露してしまう」ことにもなります。

いずれにしても、震宮の気エネルギーの特徴から、本命星の内外を問わず気エネルギーが活性化する時期になるため、物事が一気に進んだり、逆に「活気」が度を越して「血気」になってしまい、例えば、言葉のやりとりの行き違いから感情的にカッとなって、順調に進んでいた人生が思わぬ方向に急展開する危険性を孕む時でもあります。

4．本命星が巽宮（東南）に回座する時期の運気

巽（ソン）は易では東南の方位とされ、運気の周期では、「安定的な」盛運期となります。まず、時間軸からみれば巽宮に展開する気エネルギーは急進の作用をもつ震宮のエネルギーと、中宮の気エネルギーとの中間に位置する宮であり、「中庸」という最も重視される生き方、形態（あるいはポジション）にあたるところから、巽宮に回座する時期は安定的

後天定位盤

		南		
	4	9	2	
東	3	5	7	西
	8	1	6	
		北		

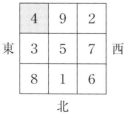

な盛運期とされます。また、易卦の「巽」の字源は「台座のうえに、物が整然と並べられている有様」「万事を整えること」を表すという意味をもっており、これと易卦「巽為風（ソン・イ・フウ）」という言葉を考え合わせれば、巽宮は風が吹くことによって、同じ方向に万物を整列させるという気エネルギーの作用・現象を示しているのです。このように、巽宮回座の時期は人は巽宮の気エネルギー作用によって、それまで続けてきた事柄を過不足なく仕上げることができ、諸事を整える「気持ちになる」という気の作用が現象する時期になります。

5. 本命星が中宮（中央）に回座する時期の運気

運気の推移、流れとしては、最盛運期の位置にありながら、身の処し方が難しいのが後天定位盤中宮（五黄土星）に本命星が回座した年です。そもそも坤宮（二黒土星）、中宮（五黄土星）、艮宮（八白土星）の三つの宮は、いずれも五行は土性であり、万物を育成・成長・枯死させるという土特有の作用エネルギーをもっています。

後天定位盤

		南		
	4	9	2	
東	3	5	7	西
	8	1	6	
		北		

この三つの土星の中でも、とくに後天定位盤の中宮に位置している五黄土星の気は、生々変化の気（気エネルギーそのもの）であり、その為、エネルギーの力が最も強く、本命星が後天定位盤の中宮に回座する時期は、完成と崩壊という両面に関わる変化作用をもたらします。このような気エネルギーの存在については、すでに先秦諸子百家といわれる『孟子』をはじめ『荘子』などに見られる思想であり、また周易繫辞伝では、太極という言葉で、万物を成り立たせるエネルギーとして表現されるようになりました。そして、易における気についての思索が深化された宋学に至って、気の根源は太極論として一世を風靡するようになりました。気学が依拠する気一元論の思想家である張横渠はその代表でもあります。しかし、朱子に至って論理化、抽象化が極まり、生成化育の気エネルギーとしてのリアルさが抜け落ちて、「事々物々の本来の理」「原理」という位置づけにされてしまったのです。これに対して、気学では後天定位盤上の中宮は五黄土星が配置され「易卦がない（形状・際限がない）」ということから、五黄土星として「限りがない」即ち、漠とした生々変化の気エネルギーが展開する宮として、張横渠の考え方と同様に、気の本来の意義を維持しているのです。

ところで、中宮回座の時期は九星遁行の中央に位置しており、本命星の内外とも気エネルギーが最も強いという点で、運気の「最」盛運期とされています。それだけに、自分自身の立ち位置をしっかりと見据えることが出来る心がけをしていないと、人は五黄土星の気をうける中宮に回座することによって万能感に浸ったり、高揚感のために自己過信になって実力以上の行動に出たりして、独善的な行動を起こしやすい時期になります。その結果、これまで歩んできた人生の道から足を踏み外して転落することになります。もし、以前に大きな凶方を使っていれば、五黄土星の強い気エネルギーによって気持ちや周囲の気の環境が煽られて、人生が転覆することになります。逆に、過去に大きな瑕疵がなく、むしろ努力の積み重ねがあれば、エネルギーの流れにのって気力、決断力は充実し、予期した以上の結果を得ることができます。このように、中宮回座の年は、強い気エネルギーに曝される年であり、巷の気学で言われているように「中宮に入る時期＝八方塞がりの時期」ということではありません。但し、中宮に入ると、このように良くも悪くも過去の行為の清算を迫られる時期になります。つまり中宮回座での運気は、これまでどのような行動（例えば、方災を犯すこと、凶相の家相に住むこと、あるいは、「結果」を生むような仕業）をしてきたのかということが、凶となる事態への急変、進路の変更、転職、移転などとして現象することになります。この点で中宮（五黄土星）回座の時期は、最盛運期であると同時に良くも悪くも一つの結果が出る時期ということになるのです。

6．本命星が乾宮（西北）に回座する時期の運気

乾宮は、時間軸である九星の遁行順によると中宮という運気のピークを抜けて衰運期へと入る最初の時期になるわけですから、本命の気の内外を問わず、気エネルギーが低下し始めるとみます。しかし、だからといって、強い気エネルギーの力をうけ、周囲の環境も気分も高揚していた最盛運期から、突然暗転して諸事に於いて支障が出たり、思うようにならない時期に入るというわけでありません。というのも、乾（ケン）は「乾為天（ケン・イ・テン）」といわれ、易の先達が見抜いたように、天の動きに象徴される気のエネルギーであり、動いて止むことがない作用を特徴とします。乾の易卦が全陽（☰）ですから、本命星の別を問わずこの乾の気が満ちている乾宮に回座しますと、自分の気持ちも取り巻く環境も、自ずと活動的になり多忙になります。また、天の特徴である空間的に広大、莫大という作用・象意から、事業や自営業をしている人には、大きな取引が舞い込んだり、駆け引きによる押しの強さが実を結ぶ時期になります。これらの点からすれば、中宮回座の時期よりも乾宮回座の時期の方が、運気の強さに余力を残したまま、危なげない

後天定位盤

		南		
	4	9	2	
東	3	5	7	西
	8	1	6	
		北		

年となります。但し、六白金星の気には「天は理非を糾す」という作用があります。つまり、万物育成の作用と同時に粛正の殺気をもっており、冬に備えて晩秋に不要な葉を切り落とすという作用のように、天地自然の摂理どおりに理非によって行動する気ですから、理を頑として通すために、争いごとの起きやすい時期でもあります。

7．本命星が兌宮（西）に回座する時期の運気

兌宮に本命星が回座する時期は、九星の遁行順としては、中宮のピークを過ぎて乾宮に続く宮となり、気エネルギーの退潮がはっきり現象する時期になります。運気の力が物事を仕上げる巽宮、それに続く運気の極み、即ち、結果を出す中宮、さらにとりまとめ、粛正の乾宮をへて兌宮へと九星が遁行するという時系列に順っていけば、本命星の内外を問わず、一服感が漂い、気持ちは弛緩し始める時期となるのです。そこで、易では「兌為澤（ダ・イ・タク）」といって、動物が安らぎを得る沢地の象としたのです。さて、安息には身体の休息と心の癒やしの両面があり、ここに兌宮回座の特殊性があ

後天定位盤

南

東				西
	4	9	2	
東	3	5	7	西
	8	1	6	

北

ります。例えば、身体の休養の場合は、疲れの回復という自覚できる明確な際限がありますが、心の癒やしには、はっきりとした際限がありません。その結果、知らず知らずに緊張感の欠如、油断がすすみ、このために心のブレーキが働かず、欲望のままに突き進んだすえ趣味や道楽に溺れたり、あるいは浪費や異性関係の深入りによる人生の破綻を招いてしまうのです。この点で、心の癒やしと裏腹の関係になっているのです。字義上でも「満悦」の「悦」の文字は「忄（=心）＋兌」から構成されているように、快楽で心が抜け殻になった虚ろな状態、即ち「悦楽」を意味しています。つまり、兌宮の気が人に与える作用には悦楽から破滅の道へ流れるという逸脱の危険を含んだ「休養と癒やし」という面をも持っていることを忘れてはなりません。

8．本命星が艮宮（北東）に回座する時期の運気

本命星が艮宮に回座した時期は変化線上の衰運とします。艮宮は所謂「鬼門」とされ「さわらぬ神に祟りなし」という扱われかたをされて忌み嫌われ、大凶の代名詞のような印象を持たれています。さて後天定位盤上で艮宮は八白土星です

後天定位盤

		南		
	4	9	2	
東	3	5	7	西
	8	1	6	
		北		

から、二黒土星、五黄土星、八白土星の三つの土星の宮は「いずれも土がもつ強い変化の作用をもつ宮が並んでいる」星であり、この関係は変化線と呼ばれています。なかでも、艮宮（八白土星）は、唯一、衰運期での変化作用を持つ気なので、艮宮に回座した時期の身の処し方には、特有の難しさがあります。時間的推移としては、気が緩んで気力が落ちている兌宮回座を経てきた結果、艮宮回座の時期は停滞感や倦怠感を感じている時期であり、しかも艮宮という変化の気の宮に回座するわけですから、本命星の内外を問わず、心境の変化や予期しない環境の変化に振り回されたりします。また、逆に変化のない変わり映えのしなかったこれまでに区切りをつけて、新生活をやってみようという気持ちゃ、「うまい話があれば、それにのって一儲けしよう」という山師的な気持ちが疼き出します。あるいは、自分の力の及ばないところで決められる人事異動の対象者になったりなど、予期しない環境の急変に身をおく時期になります。易に「艮為山（ゴン・イ・サン）」とあるように、艮宮回座の時期は、本来は山のような「不動」の境遇に身をおく時期となります。つまり、この艮宮に同会したときに「うかつ」に行動をすると、後に、変化線の三宮のいずれかに本命星が回座したとき、このときの行動が原因になって泥沼のトラブルに巻き込まれたり、重い健康上の問題が身の上にふりかかることになります。だからといって、「座して死を待つ」しか術がないわけではありません。行動を起こすなら、我欲をいっさい捨て、出来心や邪心によるものではないかどうかを自問自答してから行動することです。こうすれば、思うような方向に事態を向かわせることが出来ます。

9．本命星が離宮（南）に回座する時期の運気

離宮は後天定位盤の九紫火星で、易に「離為火（リ・イ・カ）」と定義され、その注釈には「離は麗（レイ）のこと」と解釈されています。麗と離とは音で共通するところから、易の先達は、離卦を輝く、華やか、互いに引き合ったり離れたりする、という気エネルギーの作用を読みとっています。

気学の運期の区分根拠については園田真次郎氏（注）が詳しく解説していますが、しかし、ここで慎重にならなければならないことは、園田氏の太陽の運行、季節の推移を重視した運気論です。というのも、巽宮（晩春・初夏）の次に離宮（仲夏）が続いているのですから、彼の運気論によれば巽宮に続く離宮が最盛運期と位置づけられても不思議ではないでしょう。しかし、園田氏は、離宮回座の時期は最盛運期ではなく、衰運期とされ、しかも、その理由は解説されていないのです。

後天定位盤

	南			
	4	9	2	
東	3	5	7	西
	8	1	6	
		北		

この点が、太陽の運行、四季の推移に重点をおいて、人の運気を基礎づけようとした園田氏の運気論が破綻しているのではないかという疑問として残るのです。仮に、もし園田氏の立場に立って、何故、巽宮→離宮、とならないかを論じれば、次のように理解しなければなりません。即ち、仲夏は太陽が南中する季節ですから、太陽の熱エネルギーを考えれば、自然現象からは、南は最も「太陽の熱エネルギー」が強い方位にあたります。「太陽の熱エネルギーが最も強いこと」は万物にとって恵みのように思えますが、熱エネルギーの強さが、それを受ける相手（万物）の受容力を越えると、その作用は「恵み」ではなく「破壊力」に変わってしまい、みずみずしい万物を乾燥させたり、あるいは灼熱が万物の生命力を奪ってしまいます。ここに、巽：東南方位（温和な暖かさ）と離：南方位（灼熱の暑さ）との大きな違いがあるのです。このことは、日常生活においても同様なのです。例えば、病院選びの際には、相生の吉方位を使うことが原則ですが、留意事項があって、気エネルギーの作用を受け止める基礎体力が弱い小児、あるいは、体力が衰えた高齢者の場合は、たとえ病院が相生方位であっても、生気方位ではなく、退気方位の病院を優先することと同じ理由です。「相生の気であれば、強ければ強いほどいい」ということではありません。五黄土星同会の時の身の処し方の難しさと同じで、気エネルギーの供給量と受容力のバランスが大事なのです。近づくと身を焦がすほどの熱量は、人間にとって決して最盛運期にはなり得ないのです。では、運気としての離宮回座とは何か、といえば、九紫火星は衰運の極とされる一白水星の直前の宮であり、この離宮に同会する人に対しては、過去に方災を犯すなどの原因がない場合には、離宮がもつ気エネルギーによる「麗」に象徴される「鮮烈さ」「際立つ」という作用をうけますから、本命の気の内外を問わず、組織や社会で注目される上昇運という作用をうけることになります。逆に、過去に凶方を使うなどして、気エネルギーの受容力を落とす行為をしてきた人は、離宮に回座することによって、身の程を知らない自惚れた言動で墓穴を掘る、あるいは「白黒の裁きをうける」という作用をうけて、税務署や裁判、弁護士などが介入する事件を抱え込むという事態を引き起こすことになります。離宮回座の時期は心を落ち着けて、野心を燃やさず上昇志向を押さえて、粛々と職分をこなしていけば、衰運期のなかであっても、周囲から注目され、評価される立場に立つことが出来る時期になります。

（注）園田真次郎氏については拙著『実践する気学』２４８頁以降を参照して下さい。

［6］三合の理、天道・生気の理解

1．三合の理とは

三合の理は、気学をはじめ四柱推命学や算命学など、中国に端を発する運命学における吉凶の論を構成するものとして、幅広く浸透していますが、ここでは気学における三合の理を解説していきます。

とくに、気学においては三合の理は、月運の吉凶、祐気どりの方位の決め方のほかに、家相の外郭の吉相を求める場合にも関わります。

三合とは、十二支の気エネルギーをそれぞれ［生］→［旺］→［墓］の三つのポイントから構成される木、火、金、水の四種の気エネルギーが流れるグループととらえる論理です。

即ち、

生の位置の十二支は、寅、巳、申、亥

旺の位置の十二支は、子、卯、午、酉

墓の位置の十二支は、丑、辰、未、戌

が、該当します。これを円図で示すと次のようになります。

[三合五行の円図]

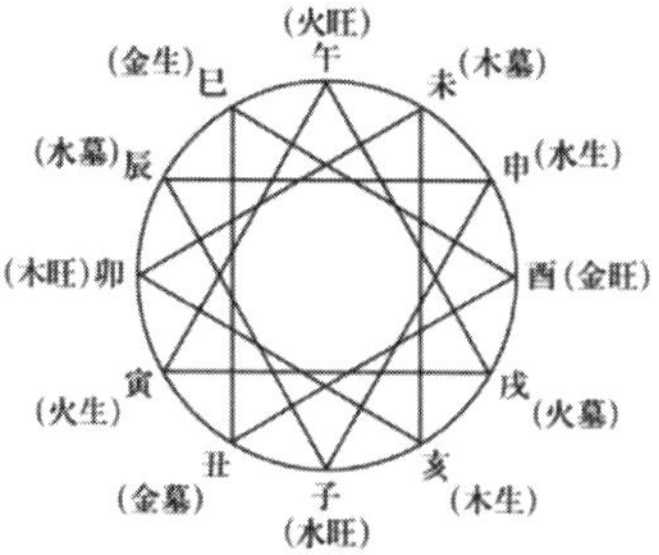

この三つのポイントには、それぞれ気エネルギーに流れがあり、

生：気エネルギーが生まれるポイント

旺：その気エネルギーが最も盛んになるポイント

墓：その気エネルギーが凝縮するポイント

とされています。そのうち、旺を局といい、気のエネルギーが集中するために、旺は最も気のエネルギーが強くなるポイントとされるのです。こうして、木、火、金、水のそれぞれの旺を、木局、火局、金局、水局といいます。

このように、木気、火気、金気、水気のエネルギーの最強ポイントを旺として三つのグループとすること、それを「三合の理」といいます。

次表は三合の理を表としてあらわしたものです。

十二支の気エネルギーの分類	グループを構成する十二支
	生↓旺↓墓
火局三合	寅↓午↓戌
木局三合	亥↓卯↓未
水局三合	申↓子↓辰
金局三合	巳↓酉↓丑

以上が、三合の理のあらましですが、気学ではこれを十二支月と方位のエネルギーにおきかえて天道、生気として、月の最強エネルギー方位として十二支月に組み込んで、日常生活に応用します。

即ち、
火局三合の場合は、火気は寅の方位に生じ、午（南）の方位において最も強力になり、戌の方位で蔵される。

木局三合の場合は、木気は亥の方位に生じ、卯（東）の方位において最も強力になり、未の方位で蔵される。

水局三合の場合は、水気は申の方位に生じ、子（北）の方位において最も強力になり、辰の方位で蔵される。

金局三合の場合は、金気は巳の方位に生じ、酉（西）の方位において最も強力になり、丑の方位で蔵される。


というようになり、その目的は、十二支の気エネルギーを如何に有効に引き出して、応用するか、というための気の理論なのです。

2. 八方位と天道・生気

前項では、三合の理とは、月の十二支の気エネルギーを三合として組み合わせる論であり、それは、十二支の気エネルギーを有効に引き出すための論であることにふれましたが、その応用論が天道・生気の論なのです。

即ち、気が構成している三合の旺気の方位（局とよび、気が集中している方位）を「天道」その対冲の方位を「生気」とよび、天道、生気が回座している二つのうち、いずれの方位も、その月の気のエネルギーが強くなる方位となります。なお、月盤表の天道方位には「道」生気方位には「生」という略符号が記されています（聖法氣學會篇『氣學明鑒』18〜23頁参照）。

以上が月と方位における気エネルギーの関係ですが、さらに、運気の面にも、天道・生気の論が適用されるのです。即ち、強い気エネルギーをもつ天道、生気は、それを帯同した本命星の月運を向上させることになり、従って月運の評価に大きく影響することになります。つまり、月盤で天道、生気が回座する方位は、十二支の三支が旺を中心として生・旺・墓として組む中で、旺の十二支が回座する方位、即ち天道、生気いずれかの吉神を帯同する本命星の人にとって、方位、運気の両面にわたって、最も高いエネルギーを得ることができるとされるのです。

祐気どりで、この方位の気を御神砂という形で取り込み、本命の気の活性化や祈願の実現に活用している理由もここにあるのです（本章［2］方位吉凶原則の理解 2．吉方位の原則（2）天道方位、生気方位　をご覧下さい）。

一例をとると、まず、月と方位の面では、十二支で、卯が旺となる木局三合の場合は、卯と組む十二支は亥と未ですから、亥月（11月）、未月（7月）のふた月は、卯の方位、即ち東30度の方位に最強の気エネルギーが展開しているということになります。同様に寅月（2月）、戌月（10月）は午の方位、即ち南30度、巳月（5月）丑月（1月）は酉の方位、即ち西30度、申（8月）と辰月（4月）は子の方位、即ち北30度のエリアとなります。

また、四正方位の月（卯月：3月、午月：6月、酉月：9月、子月：12月）の最強方位については、四正自体が十二支の旺であるため、墓の方位が天道方、対冲が生気方と決められています。即ち、卯月（3月）の最強方位は、木局三合の旺（卯）の墓である未を含んだ坤方位の60度のエリアとされています。

その他、この法則に従って、午月（6月）の最強方位は墓の方位である戌を含んだ乾の方位の60度のエリア、酉月（9月）の最強方位は墓の方位である丑を含んだ艮の方位の60度のエリア、子月（12月）の最強方位は、墓の方位である辰を含んだ巽の方位60度のエリアとされます。

［例］

本命星：甲子七赤金星　　月命星：壬申二黒土星

この人の令和5年8月の月運

令和5年8月節の天道、生気回座方位は、南（六白金星回座、生気）30度、あるいは、北（七赤金星、天道）30度のエリアとなります。同時に、本命星が七赤金星の人は、坎宮に回座し衰弱した運気に入っていますが、天道を帯同しているために衰運の影響はかなりの程度カバーされ、心身共に「翌月に向かう準備は積極的に進めることが可」と判断できます。

［令和5年8月 月盤］
（申二黒土星）

		南		
	1	6生	8ア	
東	9	2	4	西
	5ハ	7道	3	
		北		

＊なお、気学では、通常「三合五行」と称していますが（聖法氣學會編『氣學明鑒』9頁参照）、土局三合については表示していません。この点については、初歩の内容ではないの

で、ここではふれません。

［7］傾斜法の理解

傾斜法とは、人の気質を探る占技であり、その人の月命盤を作成し、その人の本命星が回座している月命盤上の宮の象意を読み取る方法です。

傾斜には、本命星と月命星とが異なる場合に成立する一般傾斜と、本命星と月命星が同一の場合に成立する特殊（中宮）傾斜があります。

ここでは、それぞれ分けて解説致します。

1．一般傾斜

［例］

平成8年7月20日生まれの人

本命星：丙子四緑木星　　月命星：乙未三碧木星

［解説］

まず、この人の月命星を中宮において月命盤を作成し、ア（暗剣殺）、ハ（月破）、道（天道）生（生気）を記入し、月命盤を作成します。この月命盤では、この人の本命星である四緑木星は、乾宮に回座していますから、この人は乾宮傾斜であり、従って、気質に六白金星の気をもっていることがわかります。また、乾宮には凶星と凶神の暗剣殺や月破、あるいは、

［月命盤］

（未三碧木星）

2（巽）	7（離）	9　（坤）
ア道 1（震）	3（中宮）	5 生（兌）
ハ 6（艮）	8（坎）	4　（乾）

■ 本命星の回座宮

吉神の天道、生気も帯同していないので、気質の解析にあたって、六白金星の気質の象意をことさらポジティブにもネガティブにも解釈する必要はありません。

以上から、この人は本命四緑木星の気質から、穏やかで受け身の気質を備えていると推断でき、他方、月命星に三碧木星をもつことによって、頭の回転が早いが、やや神経質という気質が混じり、それに加えて、傾斜星が六白金星ですから、理解力は豊富だが理屈にこだわる面がある人と解析できるのです。

もし、本命星が一白水星の人であれば、本命一白水星が震宮に回座するため、震宮傾斜となりますが、この場合、震宮は凶星の暗剣殺と吉神の天道が共在しているため、三碧木星の気質にネガティブな作用（例えば、毒舌、慌て者、感情的などの傾向）をもつことになります、但し、共在している吉神の天道によって、この凶意の作用がかなり弱められるをということになります。

＊従来出版されている「傾斜法」と題する解説書では、気質の判断の占技の枠をこえて、職業運、恋愛運などまで傾斜法で読みとっていますが、本書では、傾斜法の意義はあくまでも、気質の推断に使われるものであって、各種のライフスタイルは、月命盤で鑑定します。これについては、次項［8］月命盤鑑定の理解　を参照して下さい。

以下、坎宮傾斜から離宮傾斜までの人の気質の概略を紹介します。

①坎宮傾斜

表面的には派手ではありませんが、思考力、忍耐力、感受性は非常に豊富です。自分から新規なものへと開拓するのは得意ではありませんし、社交性もいま一つです。裏方の仕事では抜群の力を発揮します。嫉妬心と理屈ぽいのが欠点です。

②坤宮傾斜

進取の気風には乏しいですが、真面目なタイプです。ボランテイア精神が豊富です。人に尽くすことを厭いません。そのため、人には善人として好かれます。但し、欲は人並みにあり、金銭には細かいです。平穏な人生をおくるケースが多く、波乱の少ない一生をおくることが多いです。

③震宮傾斜

物事に積極的です。頭の回転が速く、手八丁口八丁という人が多いです。但し、詰めの甘いところがあり、すべてを任せるには、不安があります。神経質なタイプとズボラで強引なタイプに分かれます。いずれにしても、せっかちです。

④巽宮傾斜

他人を押しのけてまで我意を通そうとはしません。周囲の空気を察知するのが上手いです。その為に、人に好印象を与えます。但し、計算高いところがあり、なかなかしたたかです。しかし自己をうまく隠すので協調性があり、柔らかい雰囲気を与えます。

⑤中宮傾斜

本命星と月命星が同じ場合のことで、月命盤上で、本命星も中宮に位置してしまうため、次項でふれるように、特別な見分け方を適用します。しかし、いずれにしても、中宮に収斂しますので、後天定位盤の中宮に位置する五黄土星の影響を免れず、変化の大きい人生になります。

⑥乾宮傾斜

気位が高いタイプで、頭を下げるのは嫌いです。頭脳が明晰で理解力が高いですが、その分、言動には周囲を見下す雰囲気があり、徒党を組むというより、孤高のリーダーというタイプです。

⑦兌宮傾斜

マイペースで、自分の趣味や価値観を表に出すタイプです。しかし弁舌に優れ社交性にも富んでいるので、それなりの人望はついてきます。世間体を気にし、常に自分がどう見られているかに神経質になります。自惚れが強い人が多いようです。

⑧艮宮傾斜

頑張り屋で頑固です。お世辞や誰にでも頭を下げるということはできず、その分、社交性はありません。地道で手堅い生き方をするタイプですが、しぶとく、悪く言うと何事にもあきらめが悪いところがあります。欲が深いのと節約家との狭間にいます。忍耐力は抜群で組織にも馴染みやすいのですが、頑固で、一度心に決めるとなかなか変えません。

⑨離宮傾斜

プライドが高く、名誉欲が強い気質です。それを可能とするように頭脳もシャープで、自分を売り出すのも上手な気質をもっています。神経質で、気分屋なところが多く、しかも自己中心ですが、逆に相手の気持ちを読み取るのに長けており、孤立しがちな言動のわりには、出世できます。

2. 特殊（中宮）傾斜

ところで、先ほどもふれたように、傾斜が成立するのは、本命星と月命星が異なる場合であり、もし、本命星と月命星が同じ人の場合は、月命星を中宮において遁行盤を作成しても、本命星も月命星と共に中宮に重なってしまい傾斜は出てきません。このような状態を特殊傾斜、あるいは中宮傾斜といいます。この特殊（中宮）傾斜の場合は、理論的な方法で傾斜を出します。次はその一覧表です。なお、ここでは、特殊（中宮）傾斜の導きだし方のみを紹介して、特殊傾斜でなぜ先天定位盤を用いるか？などの一歩進んだ理論と解説は、第Ⅳ章気学の真実［2］先天定位盤の真実　で解説することに致します。

【特殊（中宮）傾斜の一覧表】

本命星	月命星	傾斜
一白水星	一白水星	九紫火星
二黒土星	二黒土星	六白金星
三碧木星	三碧木星	四緑木星
四緑木星	四緑木星	三碧木星
五黄土星	五黄土星	男　七赤金星 女　六白金星
六白金星	六白金星	二黒土星
七赤金星	七赤金星	八白土星
八白土星	八白土星	七赤金星
九紫火星	九紫火星	一白水星

［例］

平成9年4月25日生まれの人

本命星：丁丑三碧木星　　月命星：甲辰三碧木星

具体的には、この人のような場合、月命星、本命星ともに三碧木星であるため、図のように月命星と本命星が中宮に共在しているので、これを特殊な傾斜、即ち中宮傾斜といいます。

この場合は、特殊（中宮）傾斜一覧表から、巽宮傾斜とみなし、一部、四緑木星の気質をもつ、とみます。

即ち、この人は、三碧木星の気質を基本とし、それに次いで四緑木星の象意・作用が気質

［月命盤］

（辰三碧木星）

2（巽）	生7（離）	9（坤）
ア1（震）	3　③	5（兌）
6（艮）	道8（坎）	ハ4（乾）

3：月命の三碧木星
③：本命の三碧木星

内に占めているとみます。従って、受ける印象は、機転が利き、言葉も歯切れが良く、テキパキとして人に指図する積極的なタイプが基本ですが、折に触れて、あるいは付き合いが深まるほどに、優柔不断の面や周囲に気遣う面がみられ、意外と三碧木星の気質とは逆行するような面を感じるようになります。あるいは、むしろ四緑木星の穏やかさと受け身的な姿勢のなかに、逆に、割り切りの早さ、あっさりとした気質を感じることがあります。この意味で特殊（中宮）傾斜をもつ人の気質は、複雑な面を備えているところに特徴があるのです。

［8］月命盤鑑定の理解

月命盤鑑定とは、その人の生月の九星を中宮において月命盤を作成し、その盤上の八宮に回座する星と月の吉凶神の回座の有無などから、その人のライフスタイルを推断する占法です。

まず、月命盤鑑定での八宮の代表象意は、以下の表のとおりです。

月命盤鑑定の場合の盤は、傾斜を見る時と同様の盤を作成して使います。

［月命盤鑑定での八宮の代表象意］

巽	南	坤
信用運 営業運	名誉運 出世運	家庭運 職業運
震 企画運 才能運		兌 金銭運 社交運
相続運 不動産運	部下運 子供運	上司運 援助運
艮	北	乾

［例］

平成9年5月12日生まれの人の場合
本命星：丁丑三碧木星　月命星：乙巳二黒土星

［月命盤］
（巳二黒土星）

		南		
	1	6	8ア	
東	生9	2	4道	西
	5	7	3ハ	
		北		

この月命盤をみて、八宮が暗示するライフスタイルを前提に、それぞれの宮にどのような星が回座しているか、どのような吉神凶神がついているかをチェックして、解析評価していきます。以下はその一例です。

①坤宮には、暗剣殺を帯同した八白土星が回座しており、職業運、あるいは家庭運は障害が多い（しばしばゴタゴタに遭う）傾向。

②離宮には六白金星が回座しているので、出世、名誉運は良い。
③巽宮には一白水星が回座しているので、営業運、信用運には力強さがない。
④震宮には吉神生気を帯同した九紫火星が回座しているので、企画、才能を発揮する場に立つチャンスに恵まれている。
⑤艮宮には五黄土星が回座しているので、相続運、不動産運とも運気は強いが、波乱が予想される。
⑥坎宮には七赤金星が回座しているので、部下運、子供運は表面的には華やかだが、実際はあまり頼りにならないことが多い。
⑦乾宮には凶神の月破を帯同した三碧木星が回座しているので、上司や援助者との関係が不安定で、感情的なトラブルを生じやすい。
⑧兌宮には吉神天道を帯同している四緑木星が回座しているので、人生において、金銭、飲食には困らない。

【総評】

総評としては、才気を司どる震宮と趣味を司る兌宮にそれぞれ天道、生気という吉神を帯同しているので、本命三碧木星のもつ才気煥発さが強く出て、個性的なライフスタイルをもちます。とくに、本命が三碧木星で、兌宮に吉神がついていますから、人生に幾度か魚が水を得たような活躍期が訪れます。但し、坤宮、中宮、艮宮に土星が並んでいるので、よくも悪くも、変化や起伏の多い人生になりやすいタイプです。肝心なのは、三碧木星の気質を発揮できる震宮に良い星が回座しているのですから、三碧木星の気質をうまくコントロール出来るかどうかにかかっています。

以上が、月命盤鑑定によるライフスタイルの鑑定の一例です（なお、特殊傾斜の人は月命星によって月命盤を作成し、以下は一般の月命盤鑑定と同様の手順で解析していきます）。

［9］蔵気、月命三合、九星構造式の理解

1．蔵気とは

本命盤と月命盤を作成して、二つの盤で対冲の関係にある九星を蔵気といい、人の気質を解析するさいに、本命星、月命星、傾斜について参考にする星。即ち、その人の本命星と月命星との間に隠されている九星を同会法と対冲の理法によって、探りだす占技のことを言います。但し中宮傾斜の人の場合には、蔵気はありません。

例えば、昭和49年1月12日生まれの人の場合、

本命星：癸丑九紫火星
月命星：乙丑三碧木星
傾　斜：坤宮傾斜

となり、従って本命盤と月命盤から導き出される蔵気は、次のようになります。

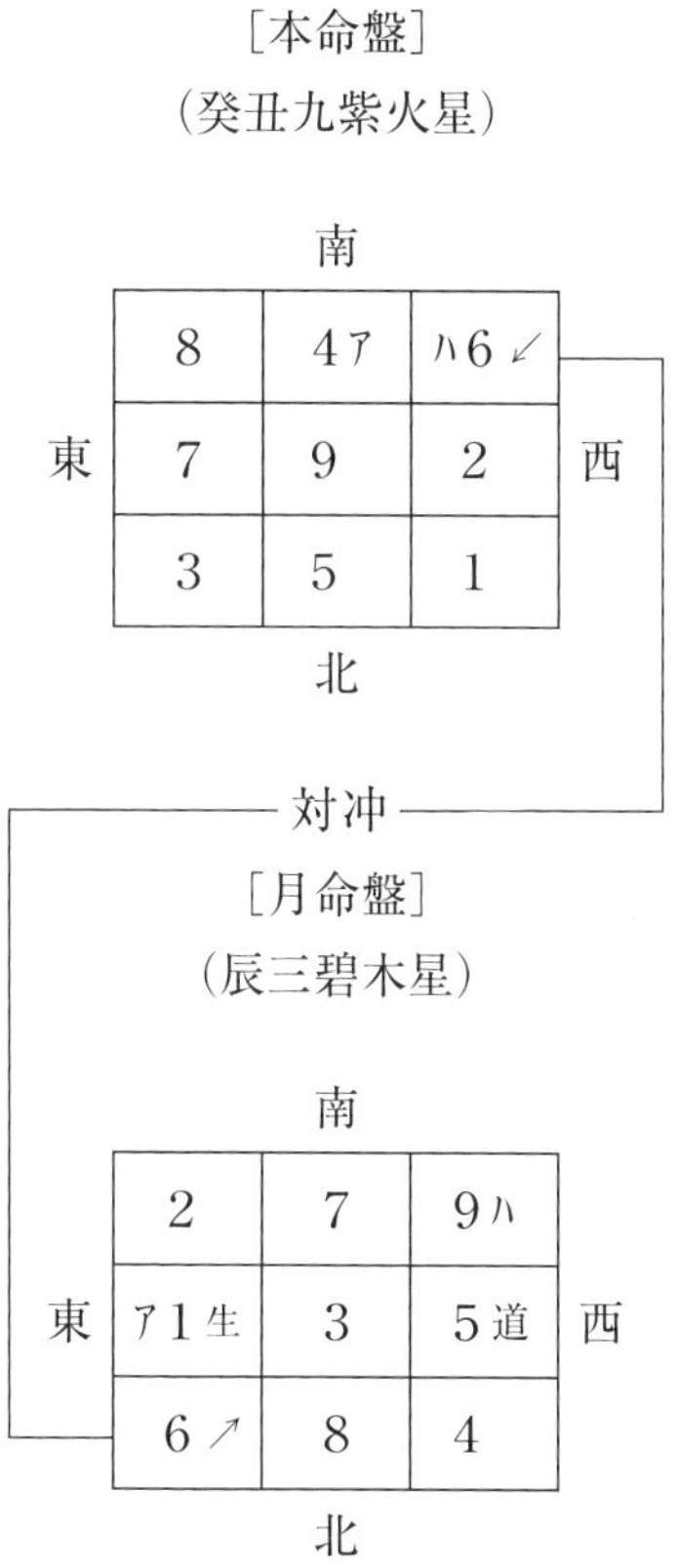

本命盤坤宮六白金星↙
月命盤艮宮六白金星↗
対沖の関係に位置しているのは
六白金星

手順としては、本命盤の坎宮に回座している九星と月命盤の離宮に回座している九星とを照合し、それを本命盤の艮宮と月命盤の坤宮、次に本命盤の震宮と月命盤の兌宮というように、それぞれの九星を照合し、同じ九星があれば、それが蔵気ということになります。この例では、本命盤の坤宮の六白金星が、月命盤の対冲の艮宮にもありますので、この人の蔵気は六白金星ということになります。

従って、この人の場合、本命星九紫火星と月命星三碧木星との間に、六白金星の気質が隠れているということになります。

なお、この場合、六白金星の気質を考慮するということだけであって、本命盤、あるいは月命盤の六白金星に暗剣殺や破、月命盤に天道、生気という吉神がついていても、評価の対象にはなりませんので、考慮する必要はありません。

2. 月命三合とは

月命三合とは、月命星がもつ十二支の三合をチェックし、その三合の旺に該当する九星を見いだし、その九星の象意を気質の解釈に反映させるところに目的があります。

例えば、亥月（11月）、卯月（3月）、未月（7月）生まれは、卯を旺とする木局三合ですから、後天定位の卯（東）三碧木星を木局の旺として構成していることになり、この亥、卯、未の三つの月には、三碧木星の気が含まれていることになります。

これをまとめると次のようになります。

（生月）　（集約される九星）

木局三合＝亥・卯・未→　三碧木星に集約
火局三合＝寅・午・戌→　九紫火星に集約
金局三合＝巳・酉・丑→　七赤金星に集約
水局三合＝申・子・辰→　一白水星に集約

ここで、例をあげて解説していきますと次のようになります。

［例］昭和49年1月12日生まれの人
本命星：癸丑九紫火星
月命星：乙丑三碧木星
傾　斜：坤宮傾斜

蔵　気：六白金星

月命丑三碧木星ですから

←　巳・酉・丑
（生）（旺）（墓）

←　金局三合

←　金局三合を集約する九星＝七赤金星

即ち、この人は生まれ月が丑月（1月）ですから、巳酉丑の金局三合の墓です。ここから、旺の酉をとって、七赤金星が月命三合の星となります。

この結果、

昭和49年1月12日生まれの人の気質は、

本命星：癸丑九紫火星

月命星：乙丑三碧木星
傾　斜：坤宮傾斜
蔵　気：六白金星
月命三合：七赤金星

という五つの気から構成されているということがわかります。

もし、生まれ月が寅月（2月）の人でしたら、寅は寅午戌の火局三合の生ですから、火局三合の集約である九星、即ち九紫火星が月命三合の星となります。

以上、本命星をはじめ、月命三合までを含めた五種の九星を図式化したものを「九星構造式」と言います。そこで、次項では九星構造式を説明致します。

3．九星構造式とは

九星構造式とは、従来の気学では、本命星、月命星、傾斜、蔵気が、図式化して表現されることはなく、そのため、全体を把握することが出来にくいという面があったのを、本命星と月命星と蔵気を横軸で結び、月命星の上に傾斜宮（星）、下に月命三合の九星を置くことによって、その人に備わっているすべての九星を立体的に表す式を言います。

先ほどの昭和49年1月12日生まれの人の場合ですと、九星構造式は、次の図のように、横軸に本命星、月命星、蔵気を配置し、月命星に依拠する傾斜と月命三合を月命星の上下に縦軸としてつけて完成します。

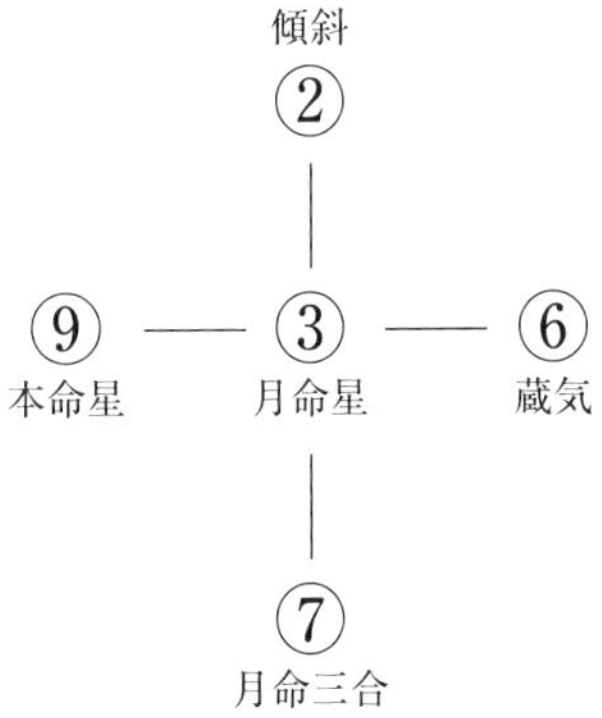

この人は、構造式からみると、九紫火星、三碧木星、六白金星を横軸にもっており、頭脳明晰、シャープだがやや感情的、言葉に鋭さがある気質ということになります。さらに両脇に月命三合の七赤金星と傾斜の二黒土星をもっていますから、本命星の九紫火星の気質が一

段と強く出ると同時に二黒土星の頑固さを内に秘めています。

〈特殊（中宮）傾斜の場合の九星構造式の表し方〉

［例］　昭和48年7月20日生まれの人の場合

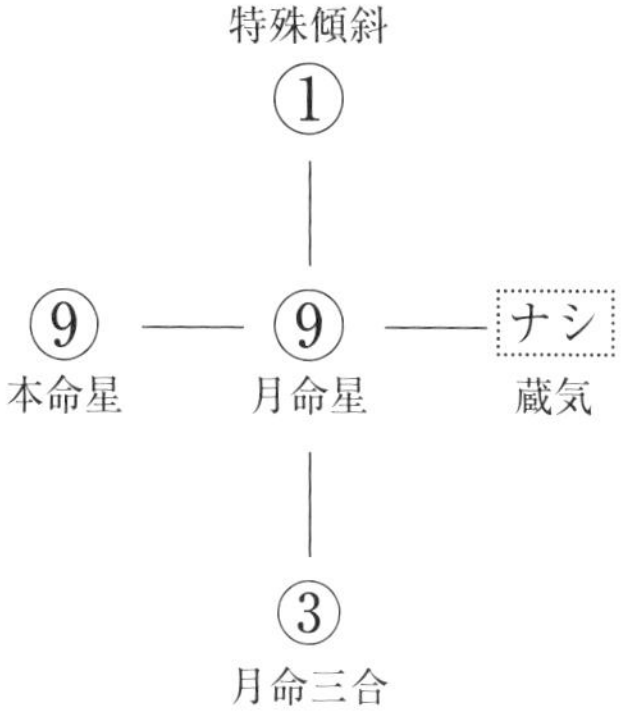

本命星：癸丑九紫火星
月命星：乙未九紫火星
傾　斜：特殊傾斜（一白水星）
蔵　気：ナシ

この図式のように、本命星と月命星が同じ場合には、蔵気はありませんから、ナシと書き込みます。

構造式からみると、この人は九紫火星の特殊傾斜で一白水星の気質がかなりまじります。従って、頭脳のひらめきは抜群ですが、一白水星の気質が全体を覆います。普段の日常生活では、一白水星のソフトさを基調にしつつも、蔵気がないので、挑発にのると九紫火星、三碧木星の感情的な気持や言葉がストレートに出てきます。

第Ⅱ章　気学初歩の疑問に答える

――松田統聖

気学は実用的であるだけに、方位、運気、気質、相性、家相など、あつかう範囲が広いのが特徴です。この章では、他の章で論じきれなかった項目や触れることのできなかった諸点を質疑応答のかたちで、明らかにしてみました。この章が僅かでも気学理解の一助になれば、というのが本章の狙いです。

【質問1】
気学でいう「気」とはどのように理解すればよいですか。

【回答1】
気学における気とは、別の表現をすれば「生々の気」というものです。つまり人事から自然現象まで、事々物々を成り立たせている作用（エネルギー、従って、無形）を生々の気と言っているのです。私たちはこのような気のエネルギー作用を現象としてとらえ、気学ではそれを様々な「象意」として表現しています。

この点では、気学の気は易の気と同じと言えるのです。つまり「私の眼前にある事々物々」あるいは「眼前の事々物々と、いま、私がここにあるのは生々の気によってである」ということが、即ち「無形の気の働きが象（かたち）として現れたものである」ということなのです。このような事々物々、即ち森羅万象の成り立ちを無形の気の作用（エネルギーによるもの）とし、その作用（エネルギー）が現象した事々物々を象意として、卦象に表した易の先達の英知は、誠に素晴らしいものといえます。この意味で、まさに気学は易に見られる中国の知的遺産を継承するものといえるでしょう。早い時期に、この生々の気と人とのかかわりを言葉としてはっきりと残したのは『孟子』です。『孟子』のなかで、生々の気は『浩然（こうぜん）の気』とよばれています。それはあたかも、早朝に森林や海辺などで胸腔に吸い込む大気の香りに伺い知ることができるのです。空気といえば、窒素、酸素、アルゴンなどによる物質的な気体のことですが、気とは、電磁気力にも似て、まさしく事々物々を成り立たせる要素を結びつけ、あるいは分離する作用、エネルギーそのもののことなのです。

【質問2】
日本は北半球ですが、日本から南半球の国へ旅行する場合の方位はどのようになるのですか？

【回答2】
気学では、メルカトル図法とモルワイデ図法を重ねた図法を使います。当会（聖法氣學會）が発行している『気学開運手帳』に「東京から見た世界の方位図」という地図が掲載されていますので、それを参照して下さい。

【質問3】

気学で言われる「磁北」、「真北」とはどういうことですか?

【回答3】

磁北とは、北半球において、地磁気の磁力線が集束する北磁極(南半球では南磁極という)のことで、気は地磁気の影響を受けるために、地球の磁気を考慮しなければなりません。従って、気学で、移転の方位や家相の間取りの方位など、気の方位の原点である北は磁北とします。

これに対して、真北とは地球の回転軸の真上の北極星の方位を北を意味しています。しかし、これは地磁気とは関係がなく、従って気と何の関係もありませんから、気学での北とはしません。但し、市販の地図は、原則として真北を北として作成されています。気学の流派の中には、少数ですが真北は北極星を根拠にしているから不変であるとして、市販の地図の北をそのまま使用したり、あるいは、磁北を逆に「真北」と呼称して、結局は、磁北の北のことであったりと、用語の使用に混乱が見られます。なお、市販の地図や家の設計図は、通常、真北で表示されていますから、真北から気学で必要とする磁北をもとめるのには、当会発行の『気学開運手帳』に収載されている「偏角度表（磁差）」を参照して、地図が真北であれば、磁北に修正してから八方位をきめる必要があります（さらに詳細に知りたい場合は、国土地理院が発表している資料をご覧下さい）。余談ですが、地球に事々物々が存在しえた大きな要因の一つが、地磁気が存在していたということ、そしてそれらが地上の万物の生命を宇宙線や太陽風という危険な放射線から守ってきたということも言われています。この地磁気の集束する場が北半球では北磁極であり、それが生々の気の方位の基礎となっていることからも、生々の気のエネルギーの存在の確かさを示しているといえるでしょう。

【質問4】

家の建築図面がないときは、どのようにして間取りの方位を知ることが出来るのですか？

【回答4】

そのような場合は、磁石を使います。まず、家屋の外郭（基礎枠）をできるだけ正確に写し取った外郭図を作成し、それをもとに、重心法によって宅心を求めます。宅心の位置を確認したら、実際の家の中のどの場所が宅心に該当するのか目視で確認し、その位置に外郭図をおき、その上に磁石を置きます。その磁石の針が指し示す方位が磁北になりますから、その方位にあわせて家相盤の磁北線を合わせ、外郭図に八方位の印をつけます。宅心から八方位の分界線を引き、宅心からみた間取りの方位を定めます。なお、磁石で北を求める場合には、磁石の針が示す北の方位がそのまま磁北になりますから、偏角による補正は必要ありません。（重心法については、拙著『実践する気学』「第三章家相の観方」を参照してください）。

【質問5】

書店や神社の境内で販売されている暦は、ほとんどが、高島易断○○などと書いてありますが、これは易で有名な高島嘉右衛門と関係があって、暦の信頼性や権威を意味しているのですか？

【回答5】

「高島易断」という名称は「易聖」と称される高島嘉右衛門、あるいはその後継をあらわす名称ではなく、運命学に使われる一般的な名称とされています。それが種々の暦本によって様々に使われるのは、幕末明治期に活躍した大易者である高島嘉右衛門の系統をうけついでいるようなイメージを読者に与える目的があるからです。高島嘉右衛門は様々な所行を経験し、明治の政財界に知られた実業家になった人物です。破天荒な人生を送り、牢獄に入った経験もあり、その牢獄で「周易」を読みふけり、易断に開眼したといわれています。明治の政治家、伊藤博文とも親しく、伊藤がハルピン方面へ視察に出かけるとき、占断して「大凶」という卦を得て、視察をやめるように説得しました。しかし伊藤は出発し、ハルピン駅頭で朝鮮独立運動家の安重根に暗殺されたことは有名な話です。ここから「易聖」と称えられ、「高島易」がブランド名となっていきました。のちに勝手に「高島」姓を名乗り、商売するものが続々とあらわれ、今日に至っています。なかには、高島嘉右衛門の肖像を掲載している暦本もありますが、高島嘉右衛門は弟子や後継者をつくりませんでした。ですから「高島易断○○」と銘打った暦本は、このように名乗って暦本の販売、鑑定で生業としている業者が大半です。中身の暦の部分は当然ながらいずれの暦も同一であり、前後の生活知識のページ数の多少で差をつけているだけなのです。

このように「高島易」が根拠もなく乱立している実情から、特許庁はこの混乱状態を解消するため、「高島易断」という名称を「易学の一般名詞にすぎない」と裁定しました。このため「高島易断」は、易占の特定のブランド名でもなく、その優位性も認めていません。このように、商標登録権はないので、誰でも勝手に自由に名乗れることは、あまり知られていないのが実情です。なお、現在、暦の種類と販売数で群を抜いている代表的な暦の出版社として、東京上野に神宮館という出版社があります。神宮館とは、明治41年に木村茂市郎氏によって創立された暦の出版社で、現在も東京神宮館蔵版・高島易断所易断本部編纂として、多種多様なタイプの暦を出版し販売しています（神宮館HPより）が、高島嘉右衛門とは、一切関係がないことを明らかにしています。

【質問6】

吉方を使ったり凶方を犯したりした場合、それぞれの現象が現れるのは、いつ頃でしょうか？

【回答6】

方位を用いた結果、事々物々の現象としてあらわれる気の作用は、後天定位盤の変化線（二黒土星、五黄土星、八白土星）上に本命星が回座した月、あるいはその年に現象することが多く、次に、行動を起こした年や月の宮に再び本命星が回座した時（従って

10ケ月後、10年後）ということになります。

【質問7】
祐気どり、御神砂とりは遠ければ遠いほど効果の強い気が得られるのでしょうか？

【回答7】
御神砂は、自宅から12㎞以上離れている神社の境内であれば、それ以上の距離があってもなくても御神砂が含む気の強さに関係はありません。なお、12㎞とは天の気と地の気との融合を示す数です。

【質問8】
受験生ですが、自宅から試験場が月盤、あるいは日盤で暗剣殺になってしまいます。結果に影響するでしょうか？

【回答8】
試験場に数日間泊まり込みで試験を受けるのでなく、日帰り、あるいは2〜3日でしたら日盤上での方位の作用ということになりますから、感知できるような実害のある凶作用は現象しません。もし、気になるようでしたら本命星に相生の方災を切る御神砂を身につけて下さい。六白金星、七赤金星が本命の人は、八白土星の御神砂を身につけて試験場に向かって下さい（20歳未満でしたら、月命星と相生の御神砂を選んで下さい）。

【質問9】
土用の時期にどうしても敷地内の配管工事にあたってしまうのですが、どうしたら良いでしょうか？

【回答9】
ベストは土用の時期を外すのですが、やむを得ない場合は、便法を使うしかありません。即ち、気の「感応性」に依拠する「機（タイミング）の原理」を応用して、土用に入る直前に着工に類似した土いじりをしておくという方法です。この「感応性」と「機」が重要なポイントで、これをしっかりと認識しておくことが必要です。以上に加えて、方災を切る御神砂をまいておくことによって、本工事が土用期間に入ってから始まっても影響は心配しなくとも大丈夫でしょう。

【質問10】

祐気どりをする際に、どうしても御神砂を頂ける神社がない場合には、どうしたらいいでしょうか？


【回答10】

まずは、該当する都道府県にある神社庁に、その方位にある神社を探してもらって下さい。それでも見つからない場合、公園、樹林などでどうか？という質問もありますが、気エネルギーは、神社の結界内が最も強い状態ですから、方位だけ該当していても、公園や樹林などの砂では、そこに含まれている気の強さは格段に落ちます。その場合は、残念ながら、別の方位に天道・生気がつくときに祐気どり、御神砂とりに行くことにして下さい。


【質問11】

本命星と気質の関係について教えて下さい。

【回答11】

本命星というのは、その人が生まれた年の年盤の中宮の気です。人間にとってはその年の中宮の気がその人の気質をはじめ、その後の人生の基礎となるのであり、月命星を従えて気質、方位、運気の基盤になります。これに傾斜、蔵気、月命三合の九星が加わって全体的な気質となるわけです。従って、本命星が同じでも、月命星や傾斜、蔵気、月命三合の九星などの相違によって、全体的な気質は、あたかも染め物の色彩の濃淡や風合いのような違いが生まれます。この生地と染色の具合まで推し量るのが気学の鑑定になります。これに対して気学で性格というのは、気質が躾、経済的、社会的条件などの生育環境によって形成される後天的なものを言います。

【質問12】

御神砂の使い方、保管方法、処理方法について教えて下さい。

【回答12】

まず、祐気どり、御神砂まきというのは、「天地自然の生々の気が人の本命星を形成し、人はそれによって生きている」という理解に基づいています。この結果、しばしば人間の気エネルギーとその人の気を囲む状況の気とが、感応現象を生じます。このような状況の気と人間の気との関係に、強力な気（祐気）の作用を介在させて、その人の状況の気に働きかけようとするのが御神砂まき、祐気どりです。その際、介在させる御神砂や祐気方位を教えてくれるのが気学なのです。これに対して、易は気の流れや予兆を易者自身の気の感能力だけに基づいて推命しますから、気エネルギーの動きに対して感受性が非常に強いスペシャリストでなければならないこと、気の作用や象意が抽象的で漠然としていること、易は占断によって凶を避けることはできても、積極的な開運の切り札とはならないところなどが、気学とは異なるところです。以上を理解したうえで、以下、手順と方法を記しておきます。

①御神砂の使い方は、本命の気の活性化を目的とする場合は、自分の本命星に相生の御神砂を布団の下や服のポケット、ハンドバッグなどに入れて持ち歩く。
　この場合は、本命星と相生の御神砂であることが条件です。
　祈願の達成を目的とする場合は、自分の家、あるいは自分の部屋の隅にまくことです。
　この場合は家に住む人の本命星との相生・相剋は関係ありません。
②まく位置は、会で主宰する御神砂とりの際に配布する資料に、図で指定してあります。

その基本論理は、両鬼門、頂いた神社の方位（西の神社なら、家の宅心からみて西方45度）、そしてその方位の三合の十二支の方位、例えば、西方の神社でしたら、西（酉）ですから、巳・酉・丑の十二支方位ということになります。但し、そのうち酉は神社の方位ですから、すでにまいたことになり丑は鬼門でまきました。従って、巳（巽）の方位を付け足せば完了となります。

但し、この方法は最小の御神砂で、効果を出すための位置決めであって、建物周囲の事情、隣地との隙間の余裕がない、あるいは道路に面している等々、実際には、さまざまな制約があります。その際は、両鬼門だけはおさえれば、あとはこのように正確にまかなくても、御神砂の量を多くし、鮮度の新しい御神砂をまけば効果を最大限に出すことができます。

③保管方法は、空気を通さないガラスの瓶、あるいはプラボトルに密封し、日陰におくこと。気の有効期間は2～3年です。

④45日以上経過して、御神砂の気が抜けてしまった御神砂はまとめてビニール袋などに入れ、拝受した神社、あるいは近所の神社の境内に戻すか、それが出来ない場合は、公園の樹木の周囲でも結構です。

料金受取人払郵便

大阪北局
承認
6123

差出有効期間
2023 年 5 月
31日まで
(切手不要)

郵便はがき

553-8790

018

大阪市福島区海老江5-2-2-710

㈱風詠社

愛読者カード係 行

ふりがな お名前			大正 昭和 平成 令和 年生 歳
ふりがな ご住所	□□□-□□□□		性別 男・女
お電話 番号		ご職業	
E-mail			
書名			
お買上 書店	都道 府県 市区 郡	書店名	書店
		ご購入日	年 月 日

本書をお買い求めになった動機は？
1. 書店店頭で見て　2. インターネット書店で見て
3. 知人にすすめられて　4. ホームページを見て
5. 広告、記事（新聞、雑誌、ポスター等）を見て（新聞、雑誌名

詠社の本をお買い求めいただき誠にありがとうございます。
の愛読者カードは小社出版の企画等に役立たせていただきます。

本書についてのご意見、ご感想をお聞かせください。
①内容について

②カバー、タイトル、帯について

弊社、及び弊社刊行物に対するご意見、ご感想をお聞かせください。

最近読んでおもしろかった本やこれから読んでみたい本をお教えください。

ご購読雑誌（複数可）	ご購読新聞
	新聞

ご協力ありがとうございました。

お客様の個人情報は、小社からの連絡のみに使用します。社外に提供することは一切ありません。

【質問13】

気学の運期では、盛運期として坤宮からの第1期から第4期まで、衰運期として乾宮からの第1期から第5期までとなっていますが、段階的に明確に運気がアップしたり、ダウンしたりするものですか？

【回答13】

1期から4期までの盛運期の区分、1期から5期までの衰運期の区分は、むしろ本命星の遁行の順序を明確にし、盛運衰運の傾向性（流れ、機運）を示すところに真の目的があるのです。従って、1期→2期→3期というように、運気が「直線的、機械的に」上昇したり、あるいは「直線的、機械的に」下降するわけではありません。そうではなくて、実際には、本人の本命星が回座する宮からうけるエネルギーと、その宮に回座する本命星の気質や感受性との相互関係が、衰運、盛運の現象にかかわっていくものです。

【質問14】

知り合いの建築士がもっている家相盤で、両大気中和圏というエリアが八方位のそれぞれの分界線の左右7.5度づつ、合計8個所あり「何を設置してもよい」と書いてありました。これは正しいですか?

【回答14】

この種の家相盤は関東地方のかなり多くの建築業者が持っている盤ですが、正しい家相盤ではありません。ご指摘のように、この盤は、各分界線の周囲15度を「両大気中和圏」と名付けて「その範囲には何を設置しても可」というのが特徴ということになっています。しかし、大気中和圏などという言葉は、気学でも家相でもありません。おそらく、以前に一部の気学の入門書で「方位の分界線の左右7.5度づつは、方位の気が安定しないので、この15度の範囲の方位を使うことは、すべて凶」という珍奇な解説があり、これにヒントを得て、しかも建築業者にとって有利なように「トイレなど何を設置しても可」と評価を逆にしたと思われます。関西の気学者で某建て売りメーカーの顧問になって「鬼門を恐れるのは迷信。鬼門にバス、トイレを設置しても可」という説を唱えている者がいますが、ご都合主義に似て、これに類似しています。結論から言います。要するに、そのような家相盤は根拠のない誤った家相盤ということです。

【質問15】

御神砂について宮司の理解がない神社であったり、着任早々の宮司の場合、その神社での御神砂の効果は弱まりますか？

【回答15】

御神砂の力と宮司様など神社のスタッフとは関係ありません。御神砂がもつ生々の気のエネルギーは、あなた自身の本命星と天道・生気の気との極めて個人的な関わりなのです。宮司様や巫女さん、社務所の規模や社務所で販売しているグッズなど神社に付随しているものの印象に左右されるのは、あなたの気持ちの問題にすぎません。極端にいえば、宮司様は代わるものですし、あるいは、巫女さんは地元のパートさんだったりするケースもあります。神社のスタッフが気学や祐気どりに理解がなくても、神社の境内が気の結界であるのですから、十分に祐気どり、御神砂とりができます。なお、神社周辺で飲食をするのは、気を体内に入れるという意味で有益です。

【質問16】
移転方位の吉凶をみるとき、月命星も関係しますか?

【回答16】
本命星のみで吉方というのではなく、本命星も月命星もそろって吉方位を探す流派があることは事実です。しかし、成人の場合は、あくまでも本命星が軸でありその人を主宰する気ですから、本命星と月命星での吉方位の一致に振り回されることはありません。月の凶方位の影響は、方災切りの御神砂まき、さらに、その後の祐気どりで十分対応できます。

【質問17】
事情があって、お墓を移転させたいのですが、注意する点はありますか?

【回答17】
お墓は不動産とみます。従って、お墓の移転の作業の着手日が、自宅からみて年盤、月盤での三大凶方（五黄殺、暗剣殺、破）になる時期は避けて下さい。なお、自宅の敷地内でなければ、土用の時期を心配する必要はありません。

【質問18】
何故、祐気どりや御神砂とりは神社でなければならないのでしょうか？

【回答18】
神社のエリアは「結界をもつ」といって、原則として気のエネルギーが高い領域です。逆に、昔は気のエネルギーが高い領域に神社が建立された、というほうが正しいでしょう。勿論、気学は日本伝統の神道とは違い、そこに祀られている神様に所願成就を求めるのではなく、特定の日時と方位に展開している生々の気の作用・象意を出すエネルギーを求めているのです。これが大前提です。勿論、だからといって、所謂「パワースポット」のように、神社であれば「いつでも、どこでも可」というものではなく、すでに指摘したように、天道方位、生気方位という毎月、生々の気が最も強くなる方位にある神社へ赴いて、祐気どりをするのです。このように、まず神社が生々の気の結界であることが大前提となっていて、それとともに方位と日時が合致すること、という条件を満たしたとき、はじめて有効な祐気どりや御神砂とりが可能となるのです。

【質問19】
気学でいう太極とは、どのような意味でしょうか?

【回答19】
気学でいわれる太極とは、個人（本命星をもつ一人の人）が、生々の気のもとで、45日以上家に連泊した結果、そこに形成される「その人の生々の気と、その場」をいいます。従って、細かく説明すれば、太極とは、①天地生々の気を区分する家、②その家に住む人の本命星、の二つを包括しています。従って、気学では生々の気が太極であることは勿論ですが、人を太極と言うこともあり、あるいは人が住む家を太極と言う場合もあります。日常生活では、家の新築、改修の際などでは、家の宅心エリア内を太極として、そこに三備を設けることを禁ずる、あるいは住まう家の移転にともなう人（本命星）の移動を「太極が移る」と表現することがあります。とくに、移転によって太極が移る場合は、移転後は吉凶方位の原点が変わりますから、太極の移動はとくに重視されます。

【質問20】

移転するとき、新居が新しい太極になるには45日間の連泊が必要ということですが、何故ですか？


【回答20】

諸説あります。いずれの解釈も基本は天地の数象のすべてを網羅していることを条件として説かれています。一つは、気学において後天定位盤が現実世界を網羅する九星から成り立っているところから、後天定位盤の九星の総和である45を現実の集約とする、あるいは、後天定位盤の九星の配置が、参天両地の論から成り立っているところから、45を天地の象徴とするという考え方です。さらには、季節の気の動きの節目は、1年で72単位（候）、1単位は約5日間とされていて、その1単位である1候（5日間と生数の最大が9であるところから、45日という数値が導き出されるという考え方です。いずれももっともな説ですが、九星の総和が45であるというのが有力です。

【質問21】

九星の象意のなかに、職業という項目があり、例えば、一白水星の象意の職業の項目にクリーニング店、酒屋などと書いてありますが、これは本命星が一白水星の人は、この象意の職業が適職ということでしょうか？

【回答21】

違います。この意味は、水という易の象意からイメージされるということで、象意としての職業と人それぞれの適職とは異なります。従って、一白水星が本命の人には「クリーニング店」や「酒屋」が適職であるということではありません。ただ、水という象意のイメージに含まれる職業の種類を列挙しているに過ぎません。もし、その人の適職ということでしたら、その人の本命星に由来する気質から、例えば、二黒土星の女性でしたら、面倒見が良く世話好きで根気があるところから、介護士や保母さんというようによう理解することです。

【質問22】

天道方位や生気方位に自分の本命星が回座している時でも、祐気どりができますか？


【回答22】

できます。本命殺を考えての質問でしょうが、天道、生気は本命殺を凌ぐ強さをもっています。


【質問23】

土用の期間や月盤で五黄土星のときでも、御神砂とりはできるでしょうか？


【回答23】

できます。土用の期間と五黄土星中宮を避けるのは、自宅の敷地内をいじるときです。五黄土星中宮の月でも、御神砂とりや御神砂まきもできます。

【質問24】

九星には、数の象意があります。例えば、九紫火星でしたら、2と7ですが、このような数の象意は実生活でどんな使い方がありますか？

【回答24】

数の象意は、土地や建物など不動産の売買、大きな金額の売り買いのときの値の交渉などの際に使うことがあります。例えば、年盤や月盤で九紫火星回座の方位の物件を売却する際、相手の購入希望価格が2300万円であったら、2700万円を妥協点として、売値の交渉を始めてみることです。

【質問25】

自営業ですが、自宅とは別の場所に店舗をもっています。新しく支店を出したいのですが、その場合の吉方位は自宅からみるのですか、それとも現在の店舗からみるのですか？

【回答25】

オーナーと会社との関係で判断します。自分や一族が経営する商店など、親族以外や外部の人が経営に参画しておらず、資本金の過半数をオーナーが掌握している場合には、いうまでもなくオーナの自宅からの方位判断となります。

【質問26】

家の敷地に小さな別棟を建てたいのですが、敷地内でも方位や建てる時期の吉凶はあるのですか？

【回答26】

敷地内は家相の一部です。方位は家の宅心から、家相盤（八方位等分盤）で区分していきます。別棟の着工日の方位や時期は、年盤、月盤で、五黄土星、暗剣殺、破が回座してなく、さらに家族の本命星も回座していない時期となります。また、着工日が土用に入っていないか確認することも忘れないでください。

【質問27】

事情があって、移転後すぐに、それまで住んでいた家を壊すことになったのですが、壊しても大丈夫でしょうか？


【回答27】

大丈夫です。巷の気学では「移転後45日間は壊してはいけない」などという人がいるようですが、それは、太極と家の関係を理解していないからです。


【質問28】

なぜ、北東（ウシトラ）に不浄なもの（とくにトイレなど）を、設けてはいけないとされるのですか？


【回答28】

「北東（ウシトラ）大凶方説」は、家相の迷信のなかでも最もよく知られているものでしょう。結論は間違っていませんが、その正しい理由を答えるとなると、かなり難しい話になってしまいますので、ここでは簡単に触れるだけにします。私たちの存在を理論づけている（即ち、陰陽混一の無形の気が八卦の有形の気に至る過程をあらわしている）のが、易の先天図であり、それを範にしたのが気学の先天定位盤なのですが、この先天定位盤は陰の気エリアと陽の気エリアから成り立っているのです。そして先天定位盤は、北東から南西にわたって陰陽の気のエリアが接しているのですが、その二つの領域の裂け目の端緒が潜んでいるのが北東なのです。ここに生々の気にダメージを与える不浄の場を設けると、その家の隆盛を支える気の基盤が陰陽に二分して底が割れてしまい、私達の生活を崩壊するきっかけをつくるということなのです。ここには、易の太極と八卦の論、気学の先天定位盤、気学の後天定位盤の理解が前提となります。以上、簡単に仕組みを話しましたが、いずれにしても南西よりも切り口が始まる北東の方位がはるかに方災が強いことを忘れてはなりません。

【質問29】

私たち家族が住んでいるマンションの管理組合が、外装修理工事をすることを決めて、その日時を知らせてきたのですが、生憎、工事期間が五黄土星中宮の月にあたります。私一人で反対もできず、だからといって家族で一ケ月以上工事期間中に外泊もできず、困っています。何か対処法があるでしょうか？

【回答29】
マンションは集合住宅で、当然のことながら、大気を区切る家の外壁は隣の世帯と一体であり、戸建てのように、御神砂を家の周囲にまくことはできません。但し、通常のマンションですと、いずれかの方位にベランダがあり、その方位が広く外気に接しているのが一般的です。従って、気学の立場から、このベランダを有効に役立てることです。即ち、つねに清潔にしておくことは勿論ですが、植木鉢などをならべて生々の気を取り込めるようにすること、御神砂を鉢や器にいれておくことによって、大気の吉作用を取り込むことなどを行ってください。

【質問30】
マンションの家相の吉凶は、マンション全体の形状や構造で判断するのですか？

【回答30】
マンションの家相というのは、賃貸であれ買い取りであれ、自分が居住しているエリアと隣の居住エリアとを区分する壁を外郭とし、その内側を間取りとします。巷では、「マンション全体の共同エントランスが西向きだと、その住民はお金が貯まらない、北欠けだと下半身の病気の住民が多い」などという人がいますが、それは誤りです。そう言う人は、大気と住居との関わりを理解できていないのです。あくまでも占有エリアの図面から宅心をもとめ、張り、欠けと間取りの方位の吉凶を求めることです。

＊「気学初歩の疑問に答える」は、平成30年に出版された『実践する気学』の「第四章　気学一問一答」を加筆修正したものです。

第Ⅲ章　気学初歩の鑑定例

花澤瑛象

この章では、気学で扱う方位の吉凶、運気の強弱、気質、相性の善し悪し、家相の吉凶などについての鑑定例を紹介いたしました。鑑定例は初歩的なレベルのものを掲載致しましたが、いずれも内容が濃く、考えさせられるテーマです。これらの鑑定例を通じて、気学の基礎力を身につけていただければと思っております。

［1］方位鑑定例①　病院方位の選択

相談者：昭和46年（1971年）6月3日生まれ（男性）

本命星：辛亥二黒土星
月命星：癸巳八白土星

相談日：令和3年3月10日

【1】相談内容

私は妻と子供二人で都内に住んでおります。勤めている会社で経理の仕事をしています。2ケ月前に受けた人間ドックで、肺に影が見られるという事で、要精密検査の結果が届きました。

病院を受診するのにも、吉方位を選ぶことが大事だと聞いたことがあります。すぐにでも受診したいので鑑定をお願いします。

【2】検討・鑑定

病院選びは月盤でみます。吉神の天道や生気が帯同している方位、又は本命星と相生・比和となる星が回座している方位が良く、五大凶殺は使えません。

急いで受診されるとの事で今月中（3月5日から4月3日）ですと、図―1のように艮（北東）方位に吉神の生気が帯同しており、貴方の本命星（二黒土星）とも相生の、七赤金星が回座していて吉方位となります。坤（南西）方位に相剋の一白水星が回座していますが、天道の吉神が帯同していますので、吉方位となります。

他にも北には相生の九紫火星が回座しており、南には比和の八白土星が回座していますので、天道方、生気方ほどではありませんが、いずれも吉方位となります。

なお、それ以外の方位は全て五大凶殺ですので不可となります。

方位は貴方の場合は都内在住ですので、自宅からみて地図の北を西に7度傾け磁北に直して、東西南北は30度。巽（東南）・坤（南西）・乾（西北）・艮（北東）は60度ですので間違いがないよう病院を探して下さい。

4月4日からは節が変わり吉方位も変わってしまいますので、初診は3月節内の4月3日までに行くことが必要です。

図—1

令和3年　卯3月盤

巽		南		坤
	3ア	8	1道	
東	2	4	6ハ	西
	7生	9	5	
艮		北		乾

以上からみて受診方位は艮（北東）方位・次いで坤（南西）方位・次いで北方位・南方位のいずれかとなります。

以上

方位鑑定例② 移転方位と時期

相談者：昭和63年（1988年）3月26日生まれ（男性）
本命星：戊辰三碧木星
月命星：乙卯四緑木星

妻：平成4年（1992年）12月2日生まれ
本命星：壬申八白土星
月命星：辛亥二黒土星

長男：平成30年（2018年）2月7日生まれ
本命星：戊戌九紫火星
月命星：甲寅五黄土星

相談日：令和2年10月15日

【1】相談内容

私は都内のＩＴ関連の職場でエンジニアの仕事をしております。コロナの影響により、この度リモートワークが導入されました。今後は月に一度くらいの出社で、普段は自宅でのリモートワークが主体となりました。妻は専業主婦で２歳の男の子がおります。

現在都内のマンション暮らしですが書斎が必要になったのと、子供にも伸び伸び育って欲しいので、空気の良い郊外に引っ越しをしようと思っております。

私ども夫婦は海が好きなので、海の近い町で探しています。候補としているのは、

（1） 神奈川県Ｋ市：現在の住まいから南西
（2） 千葉県Ｍ市：現在の住まいから南
（3） 千葉県Ｉ市：現在の住まいから東南

前記のいずれかで決める予定です。長男が幼稚園に入園する前の、今後１〜２年で考えております。

方位と時期の鑑定をお願いします。

【2】検討

ご家族で引っ越しされる場合、全員の吉方位を選ばなくてはなりません。ご両親は本命星、お子さんは月命星で判断します。

年月とも五大凶殺ではない方位で、10歳に満たないお子さんがいる場合、月の小児殺ではない方位であることも必須条件です。

方位の選択は年盤の相生・比和星の回座している方位。月盤の吉神の天道や生気を帯同している方位。または相生・比和星の回座方位で選びます。

（1）K市（坤方位）ですが令和2年（図―1）は年盤で四緑木星が回座していますので、ご主人は比和の吉方位ですが、妻と長男は相剋の凶方位となりますので、もしこの方位を使う場合は御神砂まき、祐気どりなどの方災を切る対策が必要となります。

令和3年（図―2）は歳破が付くので全員が不可です。

令和4年（図―3）も同じく歳破が付くので全員が不可です。

（2）M市（南方位）ですが令和2年（図―1）は年盤に歳破が付いており全員不可です。
令和3年（図―2）は年盤に一白水星が回座していますので、ご主人には相生の吉方位ですが、妻と長男は相剋の凶方位となりますので、もしこの方位を使う場合は方災を切る対策が必要となります。

令和4年（図―3）は九紫火星回座で、家族全員が吉方位になります（長男は月命五黄土星で判断する）。

（3）I市（巽方位）ですが令和2年（図―1）は年盤に六白金星が回座しており、妻と長男には相生の吉方位である為、今からですと12月節が妻と長男には相生の六白金星が回座して天道の吉神を帯同しており移転可能ですが、ご主人には年盤で相剋の凶方位となり、もしこの方位を使う場合は方災を切る対策が必要となります。
令和3年（図―2）は年盤に五黄土星が回座していて、大凶の五黄殺となり全員が不可となります。

令和4年（図―3）は四緑木星回座でご主人は比和の吉方位ですが妻と長男は相剋の凶方位で、もしこの方位を使う場合は方災を切る対策が必要となります。

図ー1

令和2年　庚子七赤金星年盤

小児殺：八白土星方位

巽		南		坤
	6	2 ハ	4	
東	5	7	9 ア	西
	1	3	8	
艮		北		乾

図ー2

令和3年　辛丑六白金星年盤

小児殺：九紫火星方位

巽		南		坤
	5	1	3 ハ	
東	4	6	8	西
	9	2	7 ア	
艮		北		乾

図ー3

令和4年　壬寅五黄土星年盤

小児殺：二黒土星方位

巽		南		坤
	4	9	2 ハ	
東	3	5	7	西
	8	1	6	
艮		北		乾

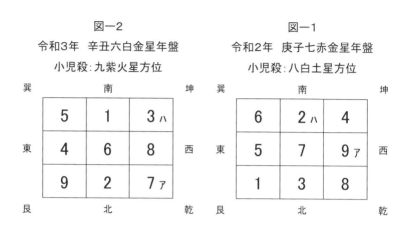

【3】鑑定

以上からみて、希望エリアの3ケ所の中でこの先1～2年以内の引越しですと、家族全員の共通した吉方位は令和4年の南方位のM市がベストとなります（図―3）。

なお令和4年にM市に移転可能な月は以下のとおりです。

（1）8月節（8月7日から9月7日）九紫火星が回座しており、生気の吉神を帯同している上、三人とも相生となりベストとなります（図―4）。

（2）2月節（2月4日から3月4日）六白金星が回座しており妻と長男には相生で、ご主人には相剋ですが天道の吉神を帯同していますので問題ありません（図―5）。

（3）10月節（10月8日から11月6日）七赤金星が回座しており2月節同様に妻と長男には相生で、ご主人には相剋ですが天道の吉神を帯同していますので問題ありません（図―6）。

図ー5
令和4年　寅2月盤
小児殺:二黒土星方位

巽		南		坤
	1	6道	8アハ	
東	9	2	4	西
	5	7生	3	
艮		北		乾

図ー4
令和4年　申8月盤
小児殺:二黒土星方位

巽		南		坤
	4	9生	2	
東	3	5	7	西
	8ハ	1道	6	
艮		北		乾

図ー6
令和4年　戌10月盤
小児殺:二黒土星方位

巽		南		坤
	2ハ	7道	9	
東	1ア	3	5	西
	6	8生	4	
艮		北		乾

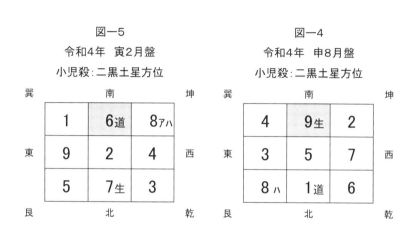

なお移転されて45日間は、旅行や帰省など他の場所での外泊はしないよう注意して下さい。

以上

方位鑑定例③　移転方位と開業時期

相談者：昭和53年（1978年）11月15日生まれ（女性）

本命星：戊午四緑木星
月命星：癸亥八白土星
傾斜：坎宮
蔵気：六白金星
月命三合：三碧木星

相談日：令和2年8月4日

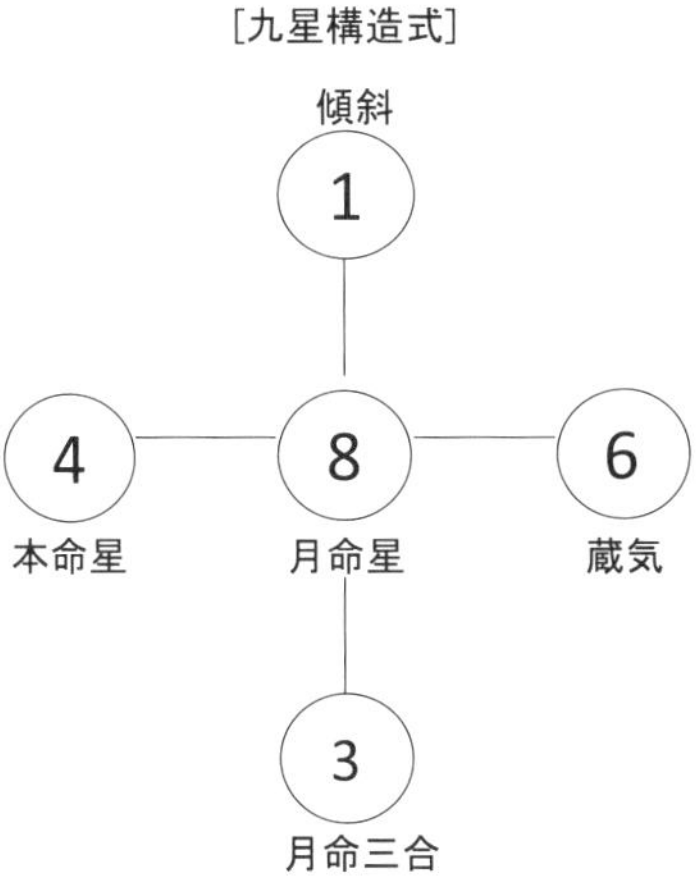

【1】相談内容

私は美容師の仕事をしており、いずれは自分の店を持つのが長年の夢でした。ようやくコツコツと蓄えてきた貯金が開業予定額となり、本格的に準備をしようと思っております。まだ物件の場所は検討中ですが、K市かT市の駅周辺で探しています。移転の方位や時期と、開業の時期などをご教示ください。

併せて仕事をしていく上での、私の気質についてのコメントも頂きたくお願い致します。

T市は現在の住まいから南西
K市は現在の住まいから北東

【2】検討・鑑定

（1）令和2年の場合

図―1のように、年盤でT市は坤（南西）方位ですから、四緑木星が回座しているため本命殺となり不可となります。又、K市は艮（北東）方位で一白水星が回座しており、四緑木星と対冲で本命的殺（以下的殺と略す）となってしまい、やはり不可となります。

（2）令和3年の場合

図―2のように、年盤でT市は坤方位で三碧木星が回座していますが歳破が付いていていますので、不可となります。K市は艮方位で九紫火星が回座しており、貴女の本命星（四緑木星）と相生となりますから吉方位となります。又、本命の四緑木星も東に出て、盛運2期となり移転、開業共に申し分ありません。引越しする月も吉方位となる時期が良いでしょう。

例えば、図―3の3月節（3月5日から4月3日）では艮方位は七赤金星回座で相剋となり

図―1

令和2年　庚子七赤金星年盤

巽		南		坤
	6	2ハ	4	
東	5	7	9ア	西
	1	3	8	
艮		北		乾

図―2

令和3年　辛丑六白金星年盤

巽		南		坤
	5	1	3ハ	
東	4	6	8	西
	9	2	7ア	
艮		北		乾

ますが、吉神の生気を帯同していますので吉方位となります。図―4の9月節（9月7日から10月7日）は一白水星が回座しており、対沖に四緑木星が回座で的殺となりますが、吉神の天道を帯同しており問題ありません。図―5の10月節（10月8日から11月6日）は相生の九紫火星が回座しており吉方位となります。

そして開業時期は月盤での本命星の運気も考慮します。

図―6の5月節（5月5日から6月4日）は本命に吉神の天道を帯同しており、又は図―4のように9月節（9月7日から10月7日）は本命に吉神の生気を帯同していますので5月節と9月節がベストです。

これをまとめますと、

移転方位：艮（北東）方位のK市

移転時期：令和3年の3月節、次いで9月節、10月節も吉方位となりますが開業時期を考慮すると3月節が適切でしょう。

開業時期：令和3年の5月節か9月節が最も良い。

図—4

令和3年　酉9月盤

巽		南		坤
	6	2	4 生	
東	5 ハ	7	9 ア	西
	1道	3	8	
艮		北		乾

□は運気の好調月

図—3

令和3年　卯3月節

巽		南		坤
	3 ア	8	1道	
東	2	4	6 ハ	西
	7生	9	5	
艮		北		乾

図—6

令和3年　巳5月盤

巽		南		坤
	1	6	8 ア	
東	9生	2	4 道	西
	5	7	3 ハ	
艮		北		乾

□は運気の好調月

図—5

令和3年　戌10月盤

巽		南		坤
	5 ハ	1道	3	
東	4	6	8	西
	9	2生	7 ア	
艮		北		乾

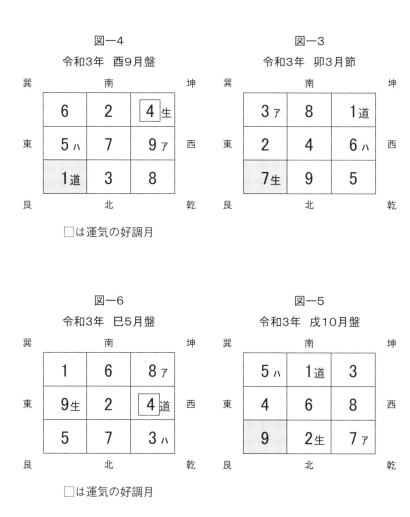

《コメント》

貴女は九星構造式に示されているように、本命星四緑木星、月命星八白土星、坎宮傾斜であり、ソフトで人当たりが良いので接客業に適されております。又、堅実な忍耐強い努力家で思慮深い女性です。そして蔵気が六白金星で、月命三合が三碧木星ですので頭も切れます。きっと成功されるでしょう。出店予定のK市は人も多く競合は沢山あるでしょうが、よくよくリサーチする事も忘れないようにして下さい。

以上

［2］運気鑑定例① プロジェクトリーダーの選任

【1】相談内容

私は勤めている会社の、エネルギー関連の部署で部長職をしております。今年の秋から、うちの部で始めるプロジェクトのリーダーの選任についてなのですが、仕事の良く出来る有能な2名の部下がおり、どちらに任せようか迷っております。具体的には令和2年11月中旬からスタートして、令和3年いっぱいはかかる予定です。
どちらの部下が適任か鑑定をお願いします。

相談日：令和2年7月25日

【2】検討

（1）部下A氏：昭和52年（1977年）7月15日生まれ

本命星：丁巳五黄土星

月命星：丁未六白金星
傾斜：巽宮
蔵気：一白水星
月命三合：三碧木星

A氏は本命星が五黄土星で粘り強く実行力があり、面倒見も良いタイプです。月命星は六白金星で月命三合が三碧木星ですので行動力が抜群な上、聡明で企画力も期待できます。また傾斜が巽宮傾斜で四緑木星の気質もあり、人当たりも良く人に好かれるタイプです。

但し反面プライドが高く強情な部分も持ち合わせています。しかし予期せぬ苦労や難問が多いのが新規のプロジェクトですから、五黄土星の気質が持つリーダーシップ、忍耐、持続力などの持ち前の点が適しています。独断専行の危険は傾斜の四緑木星と、蔵気の一白水星がストッパーとしての働きをしてくれるでしょう。したがって、総体的にみてリーダーの気質を充分お持ちです。

［九星構造式］

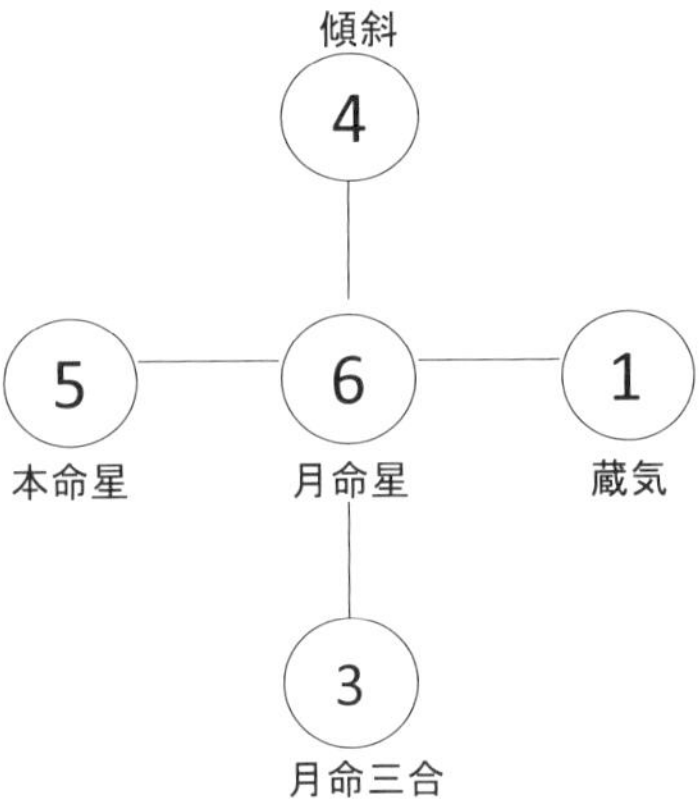

運気は図―1のように今年（令和2年）は盛運2期で、来年（令和3年）は図―2の通り盛運3期となり、手がけてきた諸事が整う安定的な盛運期となります。

（2）部下B氏：昭和54年（1979年）4月10日生まれ

本命星：己未三碧木星
月命星：戊辰三碧木星
傾斜：特殊傾斜（四緑木星）
蔵気：なし
月命三合：一白水星

[九星構造式]

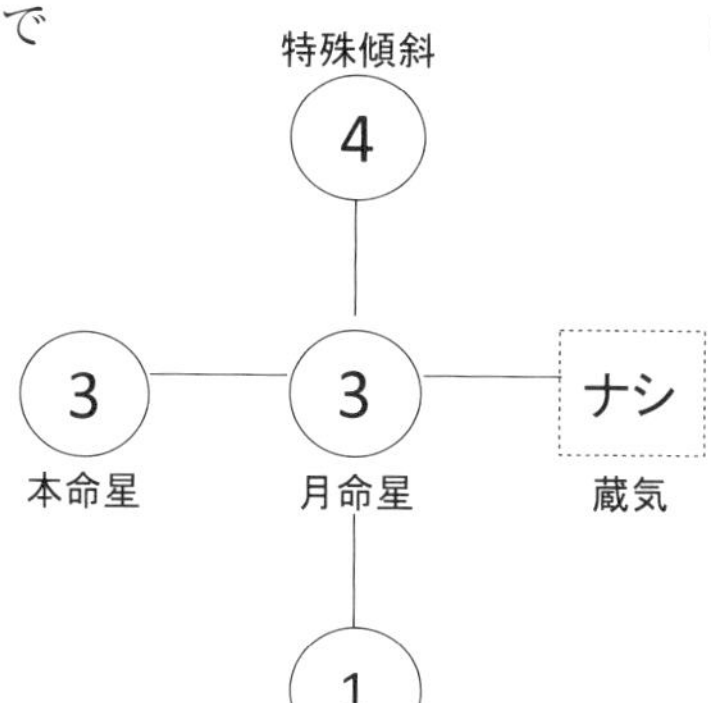

B氏は本命星三碧木星で明朗で活動的、頭がシャープで好奇心が旺盛で、仕事の発想力も遂行力も優れています。

また本命星と月命星が同じ三碧木星の特殊傾斜で、四緑木星の気質である集中力もあり、情報を集めてコントロール出来る能力にも長けていて、この面では優秀な人材です。本命星の短所となる、短気で自分本位になりやすい部分を、四緑木星や一白水星のソフトで穏やかな特徴で補えることが期待できます。
反面、苦労が予想されるプロジェクトを率いていくには、三碧木星、四緑木星、一白水星の組み合わせからなる気質は迷いが出たり、押しの強さの点でいま一つ不安が残ります。
また運気の面で図—1のように今年（令和2年）は衰運5期で最も気エネルギーが低く、気力、判断力が低下しており、苦労の割に思うように仕事が進まない時期にあたります。
来年は図—2のように盛運1期目に入りますが、歳破を帯同しますので計画がスムーズにまとまらないなど、好調とは言い難い時期でもあります。

図—1

令和2年　庚子七赤金星年盤

巽		南		坤
	6	2ハ	4	
東	5	7	9ア	西
	1	3	8	
艮		北		乾

□は A 氏の本命星
○は B 氏の本命星
（図－２も同じ）

図—2

令和3年　辛丑六白金星年盤

巽		南		坤
	5	1	3ハ	
東	4	6	8	西
	9	2	7ア	
艮		北		乾

【3】鑑定

A氏、B氏共に有能な人材ですが、プロジェクトという長期計画の推進を考えた場合、忍耐力、持続力のあるA氏の気質が適しており、また運気の面でもA氏の運気が上り調子であるということから、運気、気質両面を考慮してA氏を薦めます。

以上

運気鑑定例②　娘の体調不良

【1】相談内容

私の娘の事でご相談させてください。娘は大手通信会社の情報処理部門に勤めています。昨年の4月に、都内の店舗に配属になったと同時に実家を出て、職場の近くのワンルームアパートに引越しをして、一人暮らしをしながら仕事をしております。数ケ月前より心身ともに疲れが取れないうえ、不眠にも悩まされているようで、心療内科に通い薬を飲みながら、身体を騙しだまし仕事をしているようです。せっかく頑張っている仕事ですが、まだ若く再就職先はあるでしょうから、いっその事、仕事を辞めて暫く実家で静養してはどうか、と本人に言っております。しかし娘は仕事を辞めたり休職するのは嫌だと申しております。何かご助言頂けたらと思います。宜しくお願い致します。

実家からみて娘のアパートは南西（平成31年3月25日引越し）。

相談日：令和2年12月1日

【2】検討・鑑定

（1）相談者娘：平成8年（1996年）11月14日生まれ（女性）

本命星：丙子四緑木星
月命星：己亥八白土星
傾斜：坎宮傾斜
蔵気：六白金星
月命三合：三碧木星

［九星構造式］

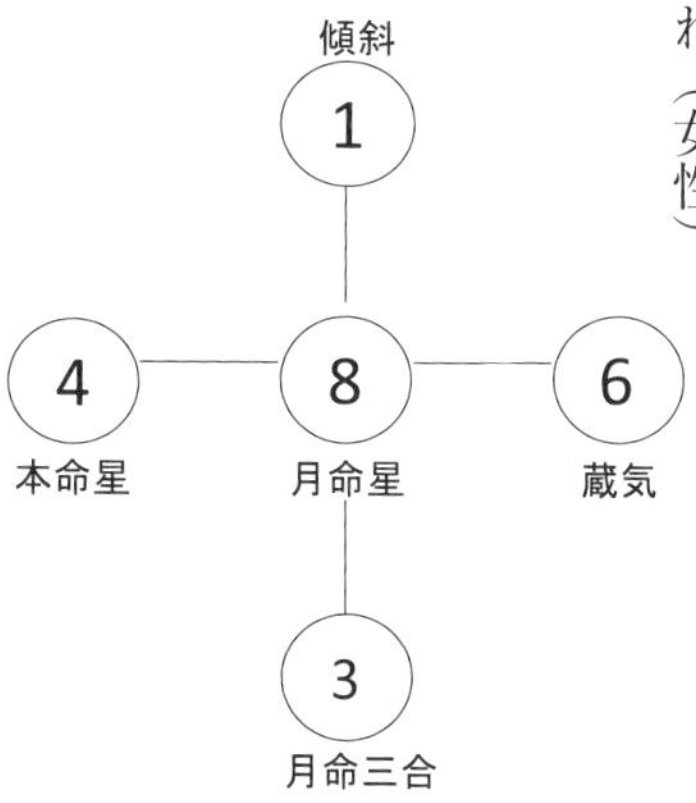

まず娘さんの気質ですが、本命星が四緑木星で坎宮傾斜ですので、穏やかな交際上手な人でサービス精神も旺盛です。携帯電話など緻密な機器の情報を扱い、お伝えするきめ細かな業務もそつなくこなせる人です。蔵気の六白金星と月命三合の三碧木星の頭脳明晰な部分も、次々と新しい知識を習得しなくてはならない仕事も苦にならないはずです。そして月命星が八白土星で、柔らかい中にも粘りと忍耐強い部分をお持ちで、誠実にコツコツ努力されるタ

本命盤

巽		南		坤
	3ア	8ハ	1	
東	2	4	6	西
	7	9	5	
艮		北		乾

月命盤

巽		南		坤
	7ハ	3	5	
東	6道	8	1生	西
	2ア	4	9	
艮		北		乾

イプですので、体調不良を押して頑張ってしまっているのでしょう。しかし本命が四緑木星で決断する事が不得手な上、営業や人付き合いをみる巽宮に本命盤では暗剣殺を帯同している三碧木星、月命盤では月破を帯同の七赤金星が回座しており、言葉による失敗は多いと考えられます。職場での人間関係や、色々なタイプのお客様との接客で、ストレスを溜めて心のバランスを崩してしまっていると思います。

加えて平成31年（令和元年）は引越しされた坤方位は年盤で五黄土星が回座しており五黄殺の大凶方位転居でした（図―1）。じわじわと心身をむしばみ崩壊させるのに充分な、強烈なダメージを受ける可能性があり、娘さんが心を病んでしまう程の方災があるとされています。

運気的にも昨年の四緑木星の方の運気は坎宮回座で、仕事での苦労や悩みが多くなる時期でした（図―1）。今年は坤宮回座で盛運期に入ったとはいえ、まだまだ実感の持てない年で、変化線上にいる事から気力が不安定となりやすい時期です（図―2）。

対策としてご本人が仕事を辞めたくないとの事ですので、今の会社を退職せずに改善するには、通勤時間が一時間弱程増えてしまいますが、通えない距離ではないので、ご実家に戻られて通勤するようにして下さい。幸い令和3年はご実家の艮方位に相生の九紫火星が回座しており吉方位で転居出来ます（図―3）。最初は通勤時間の増加により、疲れを余計感じるかも知れませんが、長いスパンで考えて運気も上昇の時期ですし、徐々に体調が快復される事でしょう。加えて、方災を切る九紫火星の御神砂をまき、ご本人の本命星と相生ですので身に着けるようにして下さい（アパートにいる間と実家に越してからの吉方位で頂いた御神砂）。そして体調と相談しながら祐気どりを、心身のリフレッシュを兼ねて続けるようお勧めして下さい。但しご実家に戻られた後の45日間は外泊を避けて下さい。ご実家の艮方位に引越し出来る月は令和3年では、以下のとおりです。

（1）3月節（3月5日から4月3日）七赤金星が回座しており相剋ですが吉神の生気を帯同しており問題ありません（図―4）。

（2）9月節（9月7日から10月7日）一白水星が回座しており相生となる上、吉神の天道も帯同しています（図―5）。

（3）10月節（10月8日から11月6日）九紫火星が回座しており相生となります（図―6）。

図―1

平成31年（令和元年）己亥八白土星年盤

巽		南		坤
	7ハ	3	5	
東	6	8	1	西
	2ア	4	9	
艮		北		乾

□は本命星の回座方位
（図－2、図－3も同じ）

図―2

令和2年　庚子七赤金星年盤

巽		南		坤
	6	2ハ	4	
東	5	7	9ア	西
	1	3	8	
艮		北		乾

図−3

令和3年　辛丑六白金星年盤

巽		南		坤
	5	1	3 ハ	
東	4	6	8	西
	9	2	7 ア	
艮		北		乾

図−4

令和3年　卯3月節

巽		南		坤
	3 ア	8	1 道	
東	2	4	6 ハ	西
	7 生	9	5	
艮		北		乾

図−5

令和3年　酉9月節

巽		南		坤
	6	2	4 生	
東	5 ハ	7	9 ア	西
	1 道	3	8	
艮		北		乾

図−6

令和3年　戌10月節

巽		南		坤
	5 ハ	1 道	3	
東	4	6	8	西
	9	2 生	7 ア	
艮		北		乾

ベストな時期は9月節ですが現在の方災を切る必要があり、なるべく早く3月節が良いでしょう。

以上

［3］気質鑑定例　結婚の相性

【1】相談内容

私は現在36歳で看護師の仕事をしております。結婚の事でご相談します。

私は子供を2～3人欲しいので、年齢的に子供を授かれる時間や育児での体力も考えて、婚活をしております。

結婚相談所に登録しており、この度条件の合う人とお会いできました。良い人ですし、お相手も乗り気なので話を進めたいと思います。条件や人柄など今のところ理想どおりの人なのですが、実際に家庭を営むとなると、お互いに見えなかった部分も出てきて、こんなはずではなかったのに、という事にならないか不安です。

彼の気質と私との相性はどうでしょうか？

相談日：令和2年4月30日

【2】検討

（1）相談者：昭和59年（1984年）3月15日生まれ（女性）

本命星：甲子七赤金星
月命星：丁卯七赤金星
傾斜：特殊傾斜（八白土星）
蔵気：なし
月命三合：三碧木星

［九星構造式］

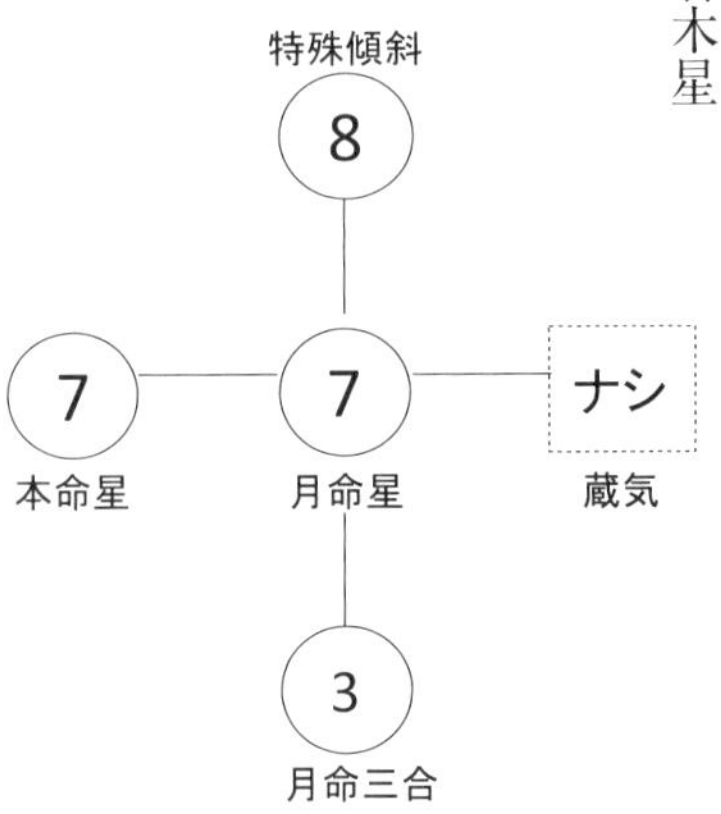

月命盤

巽		南		坤
	6	2	4道	
東	5	7	9アハ	西
	1生	3	8	
艮		北		乾

貴女は九星構造式に示されているように本命星、月命星が七赤金星で、積極的で明るく社交的な人です。

また特殊傾斜で八白土星の気質がありますので、情が厚く親切で面倒見もよく看護師の仕事は適職と言えます。

さらに月命盤では、坤宮に天道の吉神を帯同する四緑木星が回座しており、艮宮に生気の吉神を帯同する一白水星が回座していますので、家庭を大切にし、家族を重視するタイプです。一方で震宮に五黄土星が回座し、兌宮に暗剣殺と月破がついていますので、自分本位にもなる面があります。兌宮では金銭運や異性運もみますが、暗剣殺と月破がついた九紫火星が回座していて、浪費や趣味などに派手に金銭を使ってしまう危険があります。場合によっては保証人などを引き受けて、資産を失ってしまわぬよう注意して下さい。又、異性にも関係する宮ですので、問題をおこさないように心得る事が大切です。夫運をみる乾宮には八白土星が回座しており、地味ですが家庭を大事にする子煩悩なところがある夫と縁があります。

（2）婚約予定者：昭和55年（1980年）9月3日生まれ（男性）

本命星：庚申二黒土星

月命星：甲申五黄土星

傾斜：坤宮

蔵気：八白土星

月命三合：一白水星

［九星構造式］

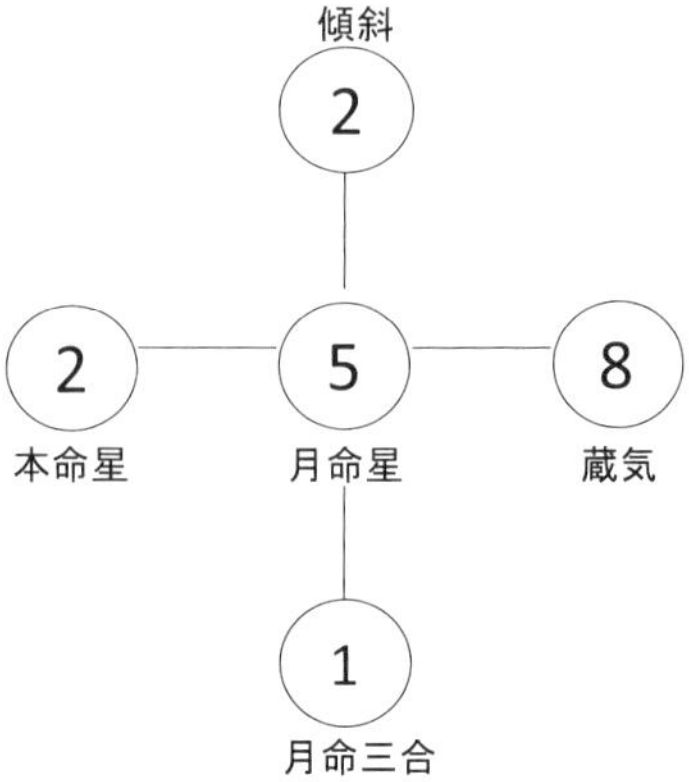

月命盤

巽		南		坤
	4	9生	2	
東	3	5	7	西
	8ハ	1道	6	
艮		北		乾

お相手の彼は本命星二黒土星、月命星五黄土星、坤宮傾斜、蔵気が八白土星と、土星の気質を多くお持ちですので、土星の特徴である意志の強さと粘り強さがあり情の厚い人ですが、強情な部分もあります。

月命盤によれば坎宮に天道の吉神を帯同する一白水星が回座しており、離宮に生気の吉神を帯同する九紫火星が回座していますので、出世や権力に拘るタイプで、地位や名誉に恵まれるチャンスがあります。坎宮の部下運も天道の吉神を帯同し良好です。乾宮には六白金星が回座していますので、頼もしい上司や後援者と縁があります。信用や人付き合いをみる巽宮には、四緑木星が回座していて世渡りも上手です。

但し本命星、月命星、傾斜、蔵気いずれも土星であり頑固、根に持つ、執念深い面が強くみられますから、この点を充分にコントロールする必要があります。

【3】鑑定

お相手の彼は実直な働き者で、安定した家庭を築いてくれるでしょう。又、彼は貴方の煌びやかな部分に惹かれて大切にしてくれるはずです。但し、面白味に欠ける部分がありますので、貴女が彼につい棘のある言葉をかけたり、外の世界に楽しさを求めてしまわぬよう気をつけてください。又、我慢強い彼ですが何か問題が起きた場合、頑固なだけに根に持って執念深く、関係の修復が大変です。

そのような彼を理解して、貴女が堅実な家庭を営むだけの心構えが必要です。その気構えがあれば良い家庭を育めるはずです。

以上

［4］家相鑑定例①　家の新築

相談者：昭和28年（1953年）6月10日生まれ（男性）

本命星：癸巳二黒土星

月命星：戊午七赤金星

妻：昭和30年（1955年）10月10日生まれ

本命星：乙未九紫火星

月命星：丙戌六白金星

相談日：令和2年11月7日

【1】相談内容

私の家庭は既に子供たちも所帯を持っており、妻と二人で暮らしております。仕事は不動産管理の会社を営んでおります。2年前に私の母が亡くなって、相続で受け継いだ実家が空き家のままになっておりました。

敷地の中にお稲荷様の祠があり土地、家屋を売ってしまうわけにもいかず、私たち夫婦も高齢となってきて、平屋のバリアフリーの家を建てた方が暮らしやすいと思い、実家を建て直しそこに入居することにしました。

現在の私たちの住まいは落ち着きましたら、売るか貸すかしようと思っております。

実家は今年（令和2年）7月に解体作業が全て終わり、今は更地となっております。先日、新しい家の設計図が出来上がりましたので、何か問題点などありましたら教えてください。

【2】検討・鑑定

この外郭で大きな問題点は艮（鬼門）の欠けで、北が大張りとなっている点です。家相では両鬼門は、張り欠けなしが原則です。艮の欠けは一家の衰退や相続の支障となります。設計図の間取りでは、艮方位をクローゼットにされていますが、このように艮方位は三備を避け無難な間取りにするのは良い方法です。それから、お稲荷様はできるだけ動かさない事です。この場合の対処方法としては、以下の三通りがあります。

（1）敷地に余裕がある場合、図―1のように建物全体を南にずらして、艮の外郭が欠けにならない家相にする。

（2）住居の面積が減ってしまいますが、図―2のように北の風呂と脱衣所の場所の部分を取って、欠けをなくし風呂と脱衣所は別の部分に移す（改めて宅心を求め方位を出し間取りを検討する）。

（3）北側の風呂と脱衣室の部分の面積を、図―3のように建物の縦横の長さの3分の1以下にして（スペース的に風呂と脱衣室の場所も変わる）建てれば北の張りとなります。なお玄関の土足部分が空きとなりますのでスペースが許すならば、玄関を外に張らせる事が良いです。

以上ですが、せっかくの新築ですので巽部分や乾部分の一部に張りを出すと（但し建物の一辺の3分の1以下の長さ）信用が得られ、事業が順調に発展するなど一層良い家相となります。

【図－1】

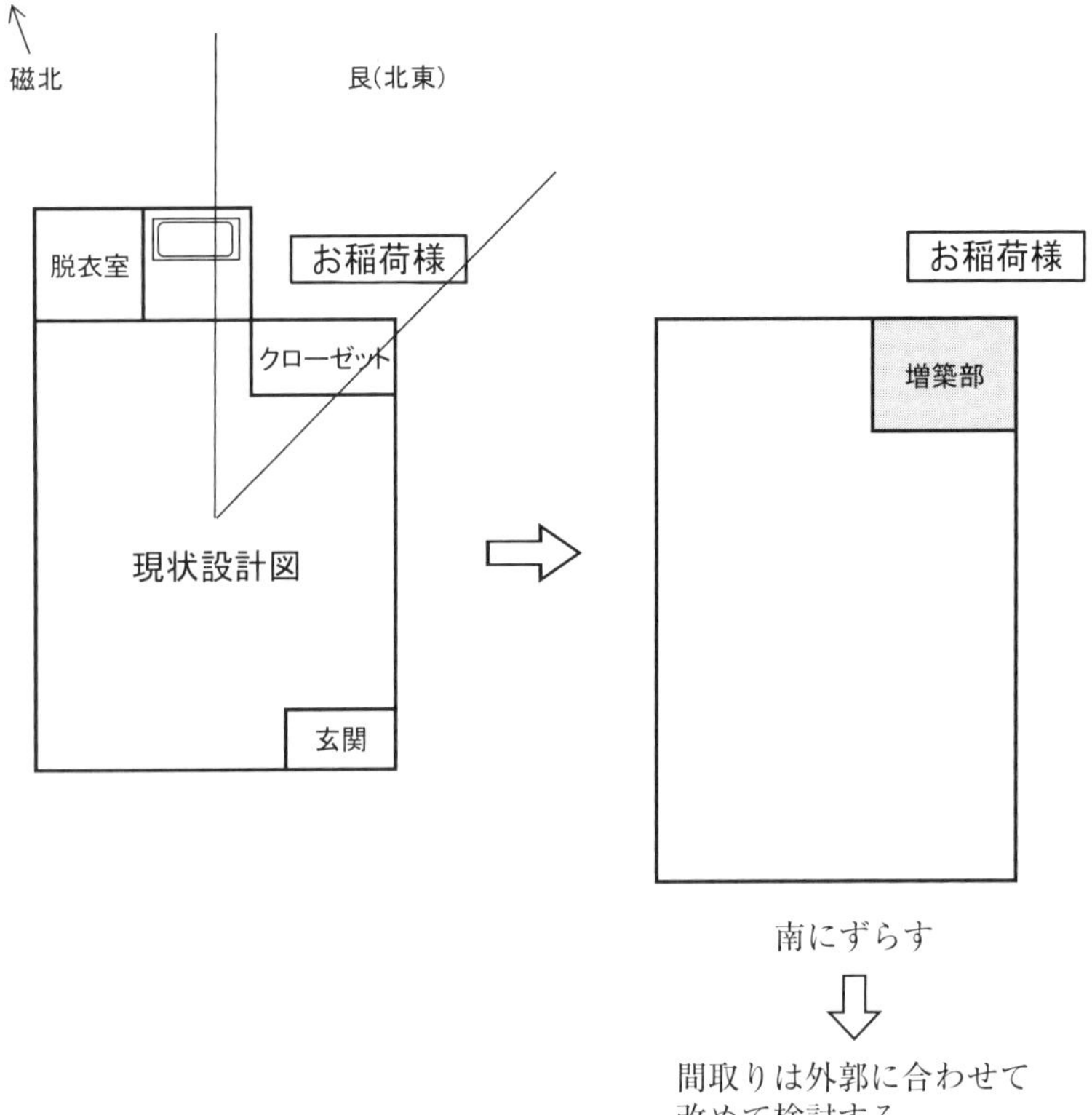
磁北
艮(北東)
脱衣室
お稲荷様
クローゼット
現状設計図
玄関
お稲荷様
増築部
南にずらす
間取りは外郭に合わせて
改めて検討する

【図－2】

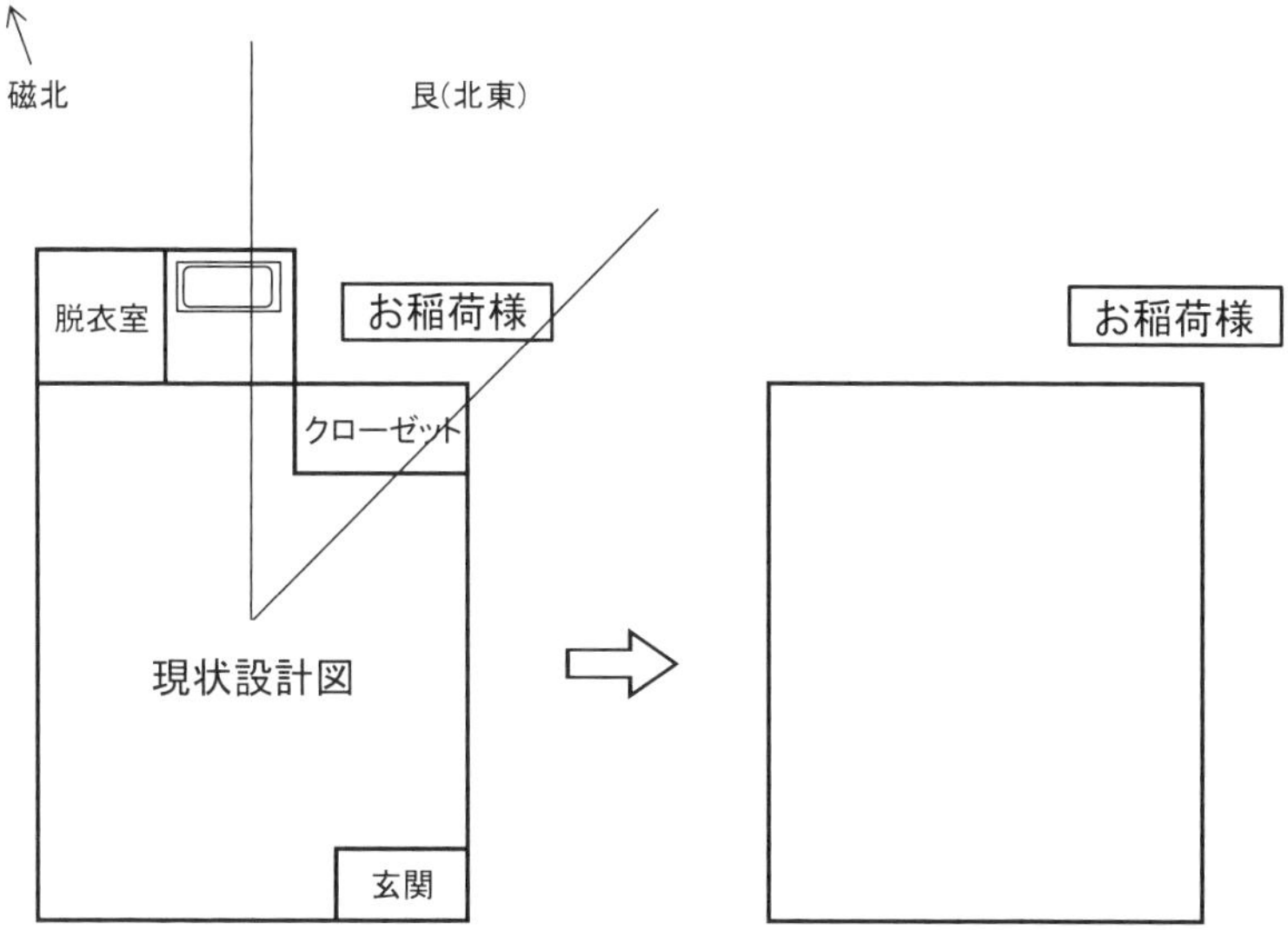

南にずらせない場合

間取りは外郭に合わせて
改めて検討する

【図－3】

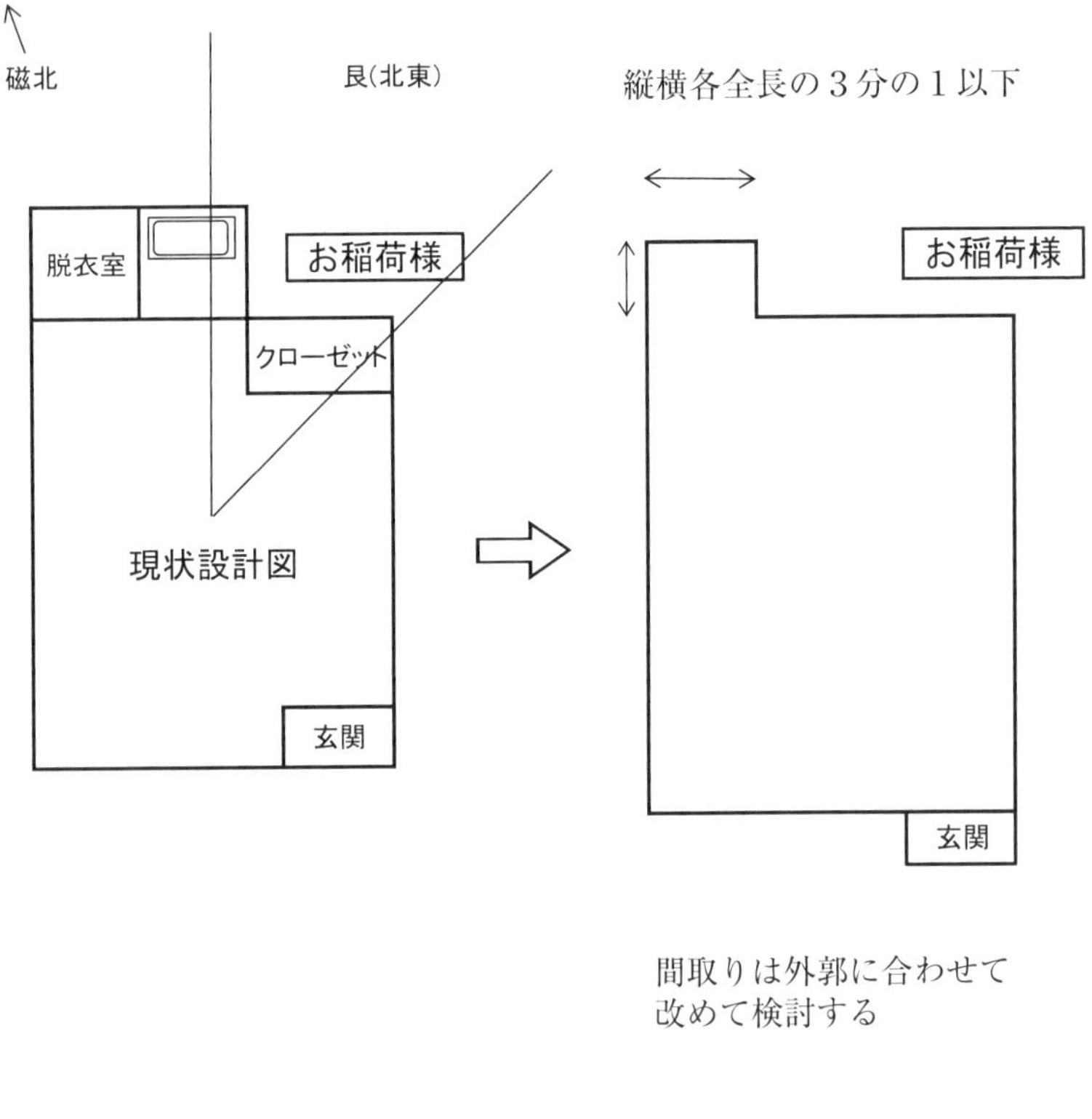

磁北
艮(北東)
縦横各全長の３分の１以下
脱衣室
お稲荷様
クローゼット
現状設計図
玄関
お稲荷様
玄関
間取りは外郭に合わせて
改めて検討する

これら三例のうちで図―3をお勧めします。

以上

家相鑑定例② 家の改装

【1】相談内容

私は個人タクシーの運転手をしており、妻と30歳になる息子と暮らしております。自宅の改装の相談です。築35年と随分古くなり、本当は建て直しをしたいのですが予算の面で厳しく、2階建ての1階部分を、全面的にリフォームする事にしました。

水回りが使えなくなるのと荷物の収納をするため、アパートを借りて一ヶ月程、仮住まいしようと思います。改装の着工の時期と、仮住まいの良い方位を教えて下さい。時期は今年中と考えております。

それと本で読んだのですが、家の造りが家運に関係すると書いてあり、実は息子が未だ独立もせず定職にもつかず、アルバイトをしながらバンド活動をしています。妻も病弱ですし一人息子なだけに、この先少しでも良い状態になるよう吉家相を提案して頂きたいです。

この悩みの種の息子についても、気質などのアドバイスをお願いします。

相談日：令和3年2月5日

相談者：昭和34年（1959年）3月7日生まれ（男性）

　本命星：己亥五黄土星
　月命星：丁卯一白水星

妻：昭和37年（1962年）9月10日生まれ

　本命星：壬寅二黒土星
　月命星：己酉四緑木星

息子：平成3年（1991年）9月30日生まれ

　本命星：辛未九紫火星
　月命星：丁酉七赤金星
　傾斜：兌宮傾斜
　蔵気：八白土星
　月命三合：七赤金星

【2】検討・鑑定

1．着工時期と仮移転方位

家の改築は着工の時期が大切になります。その場合、仮移転する方位もご家族全員が吉方位となるようにして下さい。月盤で三大凶殺が付いていない、天道か生気の吉神を帯同する方位で見つけると良いでしょう。また、今回は一ヶ月以内の仮移転なので、太極の移動は考慮する必要はありません。改築後の自宅に戻る時にも吉方位を使って下さい。

また図―1にあるように、令和3年にはご家族の本命星が回座している宮には暗剣殺、破れも付いておらず運気的にも問題ありません。

令和3年で仮移転が可能な方位は以下のとおりです。

① 5月節（5月5日から6月4日）に天道を帯同した四緑木星が回座している西方位（図―2）があります。工事が終わるのが6月節に入っても、自宅方位の東は八白土星が回座しておりご家族の共通の吉方位です。（図―3）

② 6月節（6月5日から7月6日）に天道を帯同した二黒土星が回座している乾方位（図―4）があります。工事が終わるのが7月節に入っても、巽は八白土星が回座し

ておりご家族の共通の吉方位です。（図―5）

③　10月節（10月8日から11月6日）にご家族いずれの本命星にとっても相生の八白土星が回座している西方位（図―6）があります。この場合11月節迄、仮住まいに居る前提です。11月節には東方位に天道を帯同した三碧木星が回座しています。（図―7）

図―1

令和3年　辛丑六白金星年盤

巽		南		坤
	5	1	3 ハ	
東	4	6	8	西
	9	2	7 ア	
艮		北		乾

図—2

令和3年　巳5月盤

巽		南		坤
	1	6	8 ア	
東	9 生	2	4 道	西
	5	7	3 ハ	
艮		北		乾

図—3

令和3年　午6月盤

巽		南		坤
	9 生	5	7	
東	8	1	3	西
	4	6ハア	2 道	
艮		北		乾

図—4

令和3年　午6月盤

巽		南		坤
	9 生	5	7	
東	8	1	3	西
	4	6ハア	2 道	
艮		北		乾

図—5

令和3年　未7月盤

巽		南		坤
	8	4 ア	6	
東	7 道	9	2 生	西
	3 ハ	5	1	
艮		北		乾

図―6

令和3年　戌10月盤

巽		南		坤
	5 ハ	1 道	3	
東	4	6	8	西
	9	2 生	7 ア	
艮		北		乾

図―7

令和3年　亥11月盤

巽		南		坤
	4 ハ	9	2	
東	3 道	5	7 生	西
	8	1	6	
艮		北		乾

以上が着工時期と仮移転方位となります。

2. 現在の家相の問題点は以下のとおりです。

（1）艮のトイレ
（2）艮の浴室
（3）西の玄関（欠け）

気の流れの強い鬼門に、トイレや浴室など不浄の気を生ずる場所があるのは大凶です。艮は相続や後継者に影響する方位ですし、家族の中で体力のない人の、心身の状態を崩してしまいやすいとされています。奥様の体調を向上させ、ご長男に良き跡取りになって頂く為にも、トイレや浴室の場所は、鬼門や宅心以外の所に移す事が必要です。

なお、できればキッチンのレンジも巽の、正中エリアから外せるよう検討したいです。

そして西の玄関は方位的には問題ありませんが、欠けとなるので金運が悪くなるとされています。

現状の住まい

（一階部分）

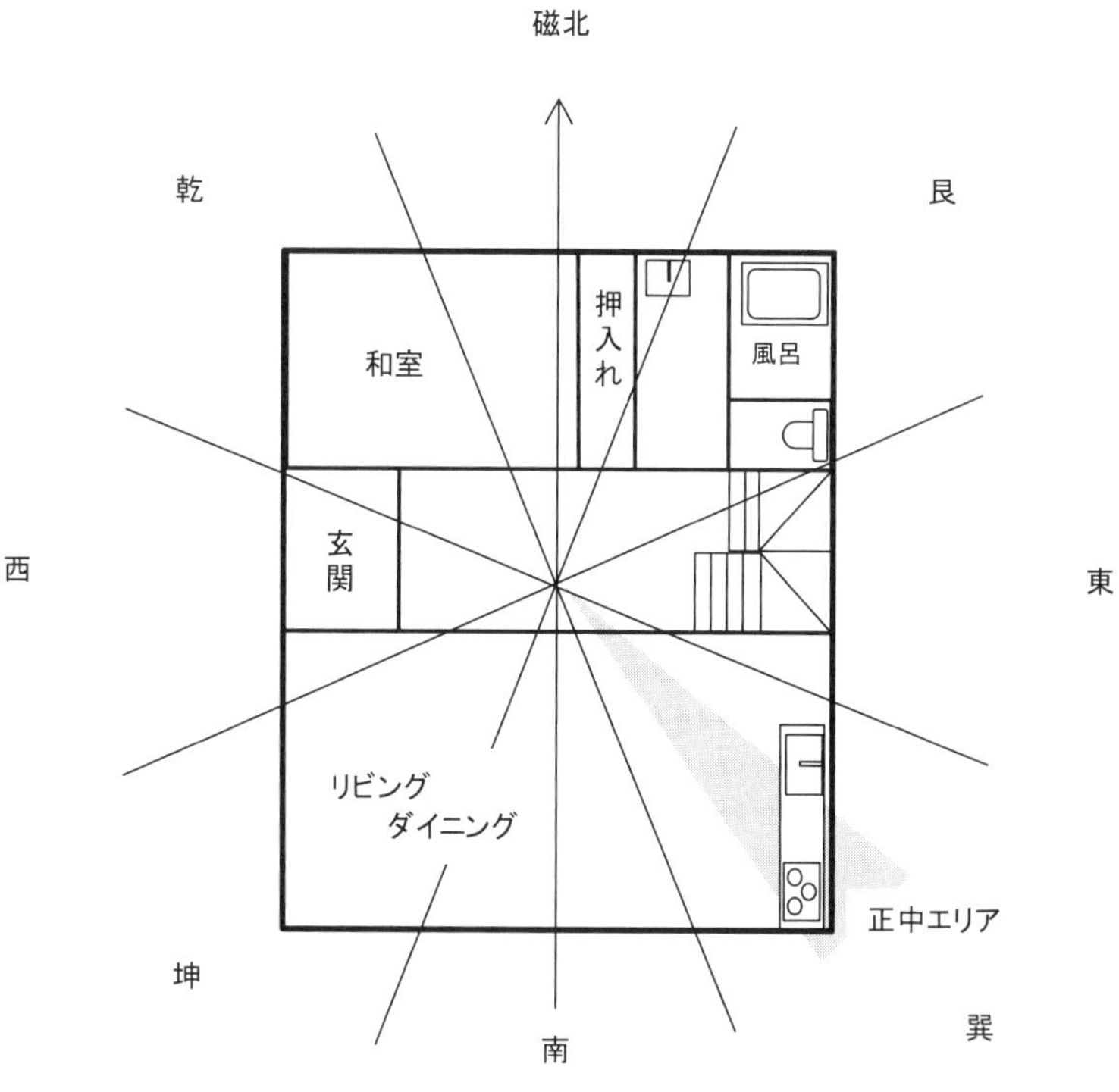
磁北
乾
艮
和室
押入れ
風呂
玄関
西
東
リビング
ダイニング
正中エリア
坤
南
巽

改装例

（一階部分）

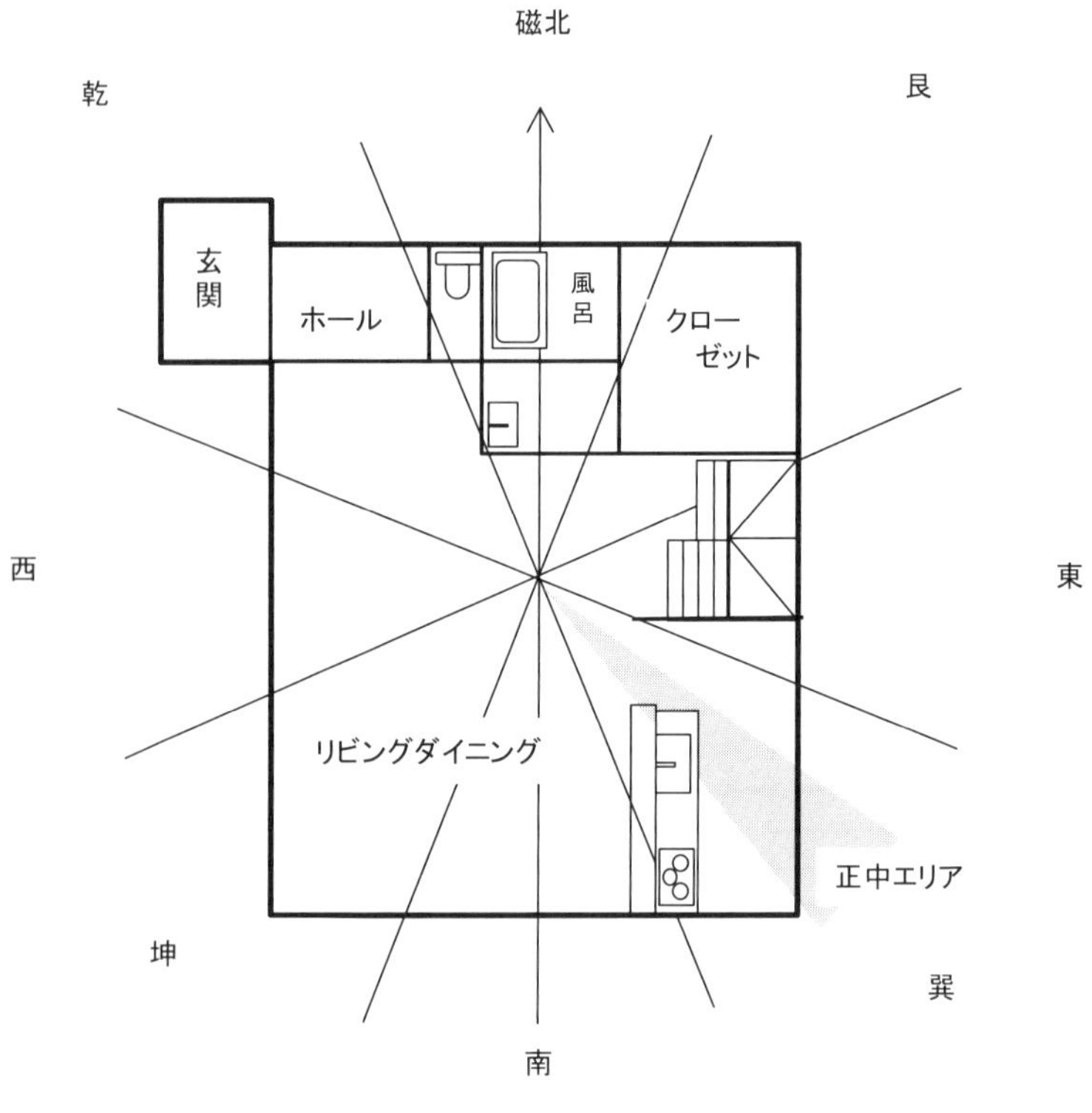
磁北
乾
艮
玄関
ホール
風呂
クローゼット
西
東
リビングダイニング
正中エリア
坤
巽
南

《コメント》

ご長男は九星構造式に示されているように、本命星九紫火星で月命星、傾斜、月命三合がいずれも七赤金星ですので、頭脳明晰で鋭い感受性を持ち、プライドの高さと強い自己顕示欲がありますので、地味な仕事には治まるタイプではなさそうです。言葉が上手で社交性のある趣味人タイプです。

しかし月命盤では才能運をみる震宮に破れ付の五黄土星が回座しており、バンドで世に出るのは厳しい道となる暗示があります。

［九星構造式］

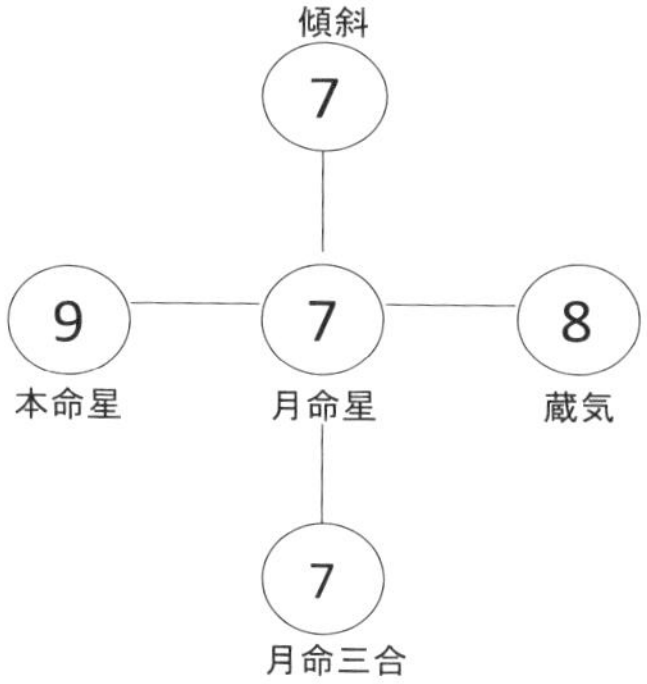

月命盤

巽		南		坤
	6	2	4 生	
東	5 ハ	7	9 ア	西
	1 道	3	8	
艮		北		乾

なお職業運をみる坤宮には、生気吉神を帯同している四緑木星が回座しており、後援者に関係する乾宮は、八白土星が回座していますので、手堅く良き理解者に恵まれる可能性もあります。聡明で社交的な華のあるタイプですので、他の分野で充分活躍できるでしょう。

以上

家相鑑定例③ ガレージと物置の設置

相談者：昭和30年（１９５５年）８月31日生まれ（男性）

　本命星：乙未九紫火星

　月命星：甲申八白土星

妻：昭和32年（１９５７年）５月15日生まれ

　本命星：丁酉七赤金星

　月命星：乙巳五黄土星

長女：昭和56年（１９８１年）７月20日生まれ

　本命星：辛酉一白水星

　月命星：乙未三碧木星

相談日：平成28年10月25日

【1】相談内容

私は専業主婦の妻との間に女の子を三人もうけましたが、下の二人の娘は既に嫁に行き、現在は妻と長女の三人で持ち家にて暮らしております。

庭にガレージと物置を造ろうと思います。実は今までは庭の一部に車止めを置き、青空駐車の状態で置いておりましたが、この度以前から欲しかった車種の新車を購入する事になり、思い切ってガレージも建てることにしました。妻に相談したところ、それなら物が増えて収納場所が足りないのだからと、物置も設置してくれと言われた次第です。

場所なのですが、ガレージは今と同じ場所に建てようと思います（家屋から西北）。

物置は庭にコンクリートを敷き、市販の物置を設置しようと思いますが、スペースの余裕のある北東部分か、東南にある家庭菜園の畑の一部を減らして、置こうか迷っております。

時期は来年の2月頃に一度に工事をやろうと思います。場所や時期は問題ありませんか？

【2】検討・鑑定

1．配置

敷地内をいじる場合は、家屋の宅心から方位をみて判断します。家相と同じく家相盤で方位を図ります。

敷地の見取り図によりますと、ガレージ予定場所は宅心から乾方位となります。物置設置予定場所ですが宅心から艮方位は物置などを置くと、撤去の際、方災を防ぐための撤去方法や時期が難しいので止めた方が無難です。巽方位は家屋が巽欠けとなっておりますので、物置を置くことにより凶作用が軽減されるので適しています。巽方位でお決めになる事をお勧めします。

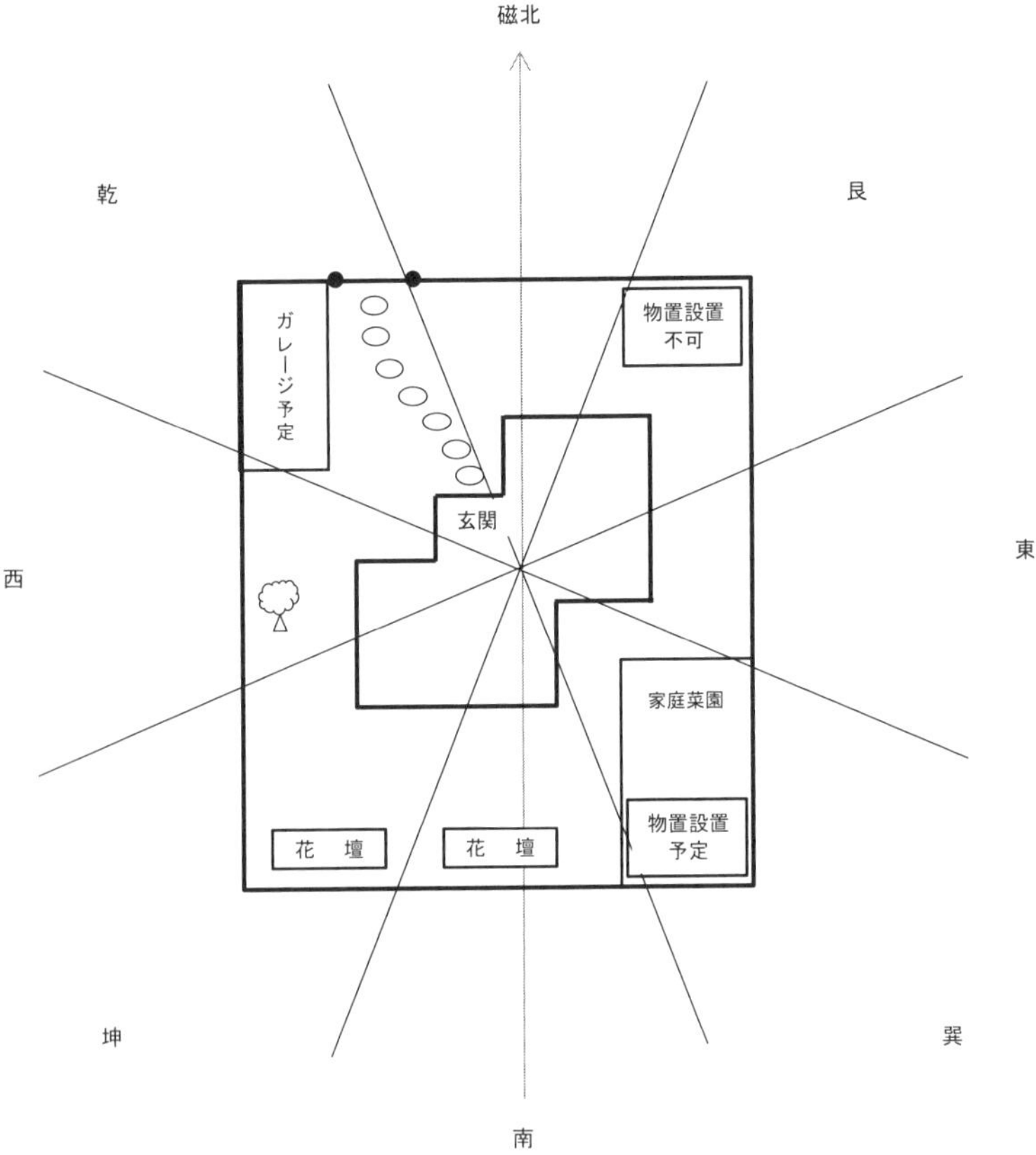
磁北
乾
艮
ガレージ予定
物置設置
不可
玄関
西
東
家庭菜園
物置設置
予定
花　壇
花　壇
坤
巽
南

2. 時期

住みながらの敷地内の工事は年盤、月盤で工事方位に三大凶殺がなく又、家族全員の本命星が回座していない時期を選びます。

2月の工事予定との事ですが、平成29年（平成29年2月4日から）はご主人の本命星が工事箇所の巽宮に回座しており不可となります（図―2）。

そうしますと、2月3日迄の年盤で平成28年度に着工となりますが、娘さんが平成28年は、巽宮に本命星の一白水星が回座しており不可となります（図―1）。

実は住みながらの改修などは、家族全員の星が違う事が多く、制約が多すぎて難しいのが実情です。今回の打開策として、工事期間もそう長くならないはずですので、娘さんだけでも工事期間中は妹さんたちや、ご友人の所、ビジネスホテルなどの月盤での方位の良い場所にお泊りになられると良いでしょう。

図—1

平成28年　丙申二黒土星年盤

巽		南		坤
	1	6	8ア	
東	9	2	4	西
	5ハ	7	3	
艮		北		乾

図—2

平成29年　丁酉一白水星年盤

巽		南		坤
	9	5	7	
東	8ハ	1	3	西
	4	6ア	2	
艮		北		乾

図—3

平成29年　丑1月盤

巽		南		坤
	8	4ア	6ハ	
東	7生	9	2道	西
	3	5	1	
艮		北		乾

図—4

平成28年　子12月盤

巽		南		坤
	9道	5ハ	7	
東	8	1	3	西
	4	6ア	2生	
艮		北		乾

以上から図のような配置を参考に、平成28年の1月節（平成29年1月5日から2月3日）（図―3）に、着工することをお勧めします。但し土用期間前（1月5日から1月16日）に、着工することが必須条件ですからご留意ください。

なお12月節（12月7日から1月4日）は、ご主人の本命星が巽宮に回座しており、不可となります（図―4）。

着工前と工事終了後にも、九紫火星の御神砂をまくことを忘れないで下さい。

以上

家相鑑定例④　マンションの家相

相談者：平成３年（１９９１年）10月20日生まれ（女性）

本命星：辛未九紫火星

月命星：戊戌六白金星

夫：平成元年（１９８９年）６月30日生まれ

本命星：己巳二黒土星

月命星：庚午七赤金星

相談日：令和２年６月15日

【1】相談内容

私たち夫婦は結婚3年目でまだ子供はおりません。以前住んでいたアパートの近くに、手ごろな価格のマンションが建ち、思い切って購入し今年の3月に引越しをして来ました。引っ越しには方位が大切と知っておりましたので、よく調べてお互いに良い方位だったのも、購入を決めた理由の一つでもあります。

新居で快適な暮らしをしておりますが、先日知人より家の家相も住む人に影響を及ぼすと聞き、それ以来気になってしまっております。調べて欲しいです。

【2】検討・鑑定

マンションでは占有エリアで家相を判断します。戸建てと同じように外郭の張り欠けや玄関、三備（トイレ、浴室、台所）がポイントとなります。

こちらのマンションでの、家相の問題点は以下のとおりです。

（1）乾の玄関の欠け（空き）

（2）艮の浴室

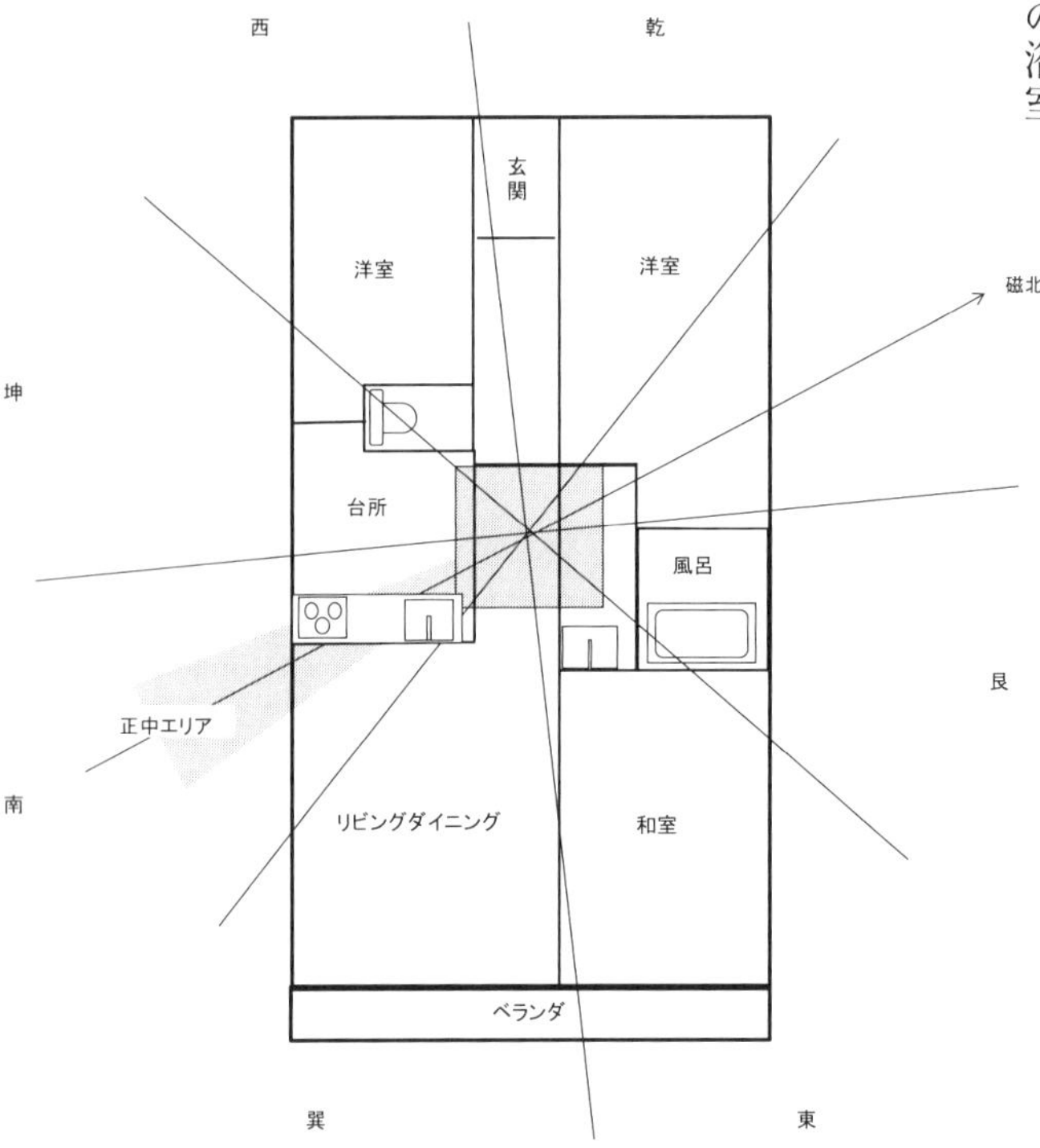

正方形のグレーは宅心エリア

以上が主な家相上の問題点となります。

家相は住んで直ぐ顕著に影響があらわれるものではなく、年月が経つにつれていつの間にか、身体と精神が凶作用に侵食されていたという感覚で、わかりづらいかも知れません。

新築マンションでリフォームは選択肢には無いと思われますので、以下の対応策をすると良いでしょう。

図のように乾方位は主人の場所とされ大事な部分ですが、玄関の土足部分は欠けとみなします。スノコなどを置き上に玄関マットなどを敷き、土足のエリアを少しでも少なくすると良いです。そして御自宅から吉方位の神社で頂いた御神砂と、観葉植物を常時置いて生々の気エネルギーで満たして下さい（御神砂は少なくとも45日以内に新しい物と取り替える）。

他の問題箇所や、またキッチンのレンジも南の正中エリアに入っていますので、やはり御神砂を置き常に住居内の気の力を上げる事です。いつも掃除をして綺麗にしておくことも大切です。特にベランダは唯一外気が幅広く接する場ですから、ここを大いに利用することです。ベランダは清潔にしておくことは言うまでもありませんが、そこに鉢植えの木を並べ、生々の気を宅心からみて巽から東の方位に展開させ、鉢の中に御神砂を置くことが重要です。マンションは気密性が高いので、とても有効な手段となります。あわせてご夫婦で吉方位に出来るだけ多く、祐気どりに行くようにすると良いでしょう。

いずれ何かの事情で、移転や買い替えなどを検討する時がありましたら方位、家相の両方を精査してお決めになって下さい。

以上

第Ⅳ章　気学の真実〈一歩先の知識〉

――松田統聖

この章では、6項目について話をすすめていきますが、気学の鑑定の核心になる論について、その解説をしました。書籍でも実際鑑定でも、吉凶是非の判断や占技だけに追われて、その妥当性を支えている論理は見過ごされているのが現実です。とくに先天定位盤と特殊（中宮）傾斜の関係については、これまでふれられたことがありません。鑑定の的確性を向上させるためにも、必須と思える項目をとりあげました。

［1］後天定位盤の真実

次図のように、気学の後天定位盤は、朱子『周易本義』冒頭の文王八卦方位図（以下「後天図」という）を模範としています。

いうまでもなく、後天図の根拠は周易説卦伝にあり、その中では、「万物は震に出づ。震は東方なり。巽に斉う。巽は東南なり……」と八卦が方位づけられています。そして、この説卦伝の方位に順って図にすると『周易本義』に掲載されている後天図となるのです。

但し、「先天」「後天」という名称とは裏腹に、まず、後天図が先に作成され、時代が下がって、「後天図」にならって「先天図」が作成されたという説もあり、それを朱子が『周易本義』に掲げたとされています（先天図については、次項で話します）。

［後天図］

この後天図と洛書とを組み合わせることによってできているのが、気学の後天定位盤なのです。即ち、洛書の「斑点の数」と「九星」とを符合させて、易説卦伝に従って八方位に八星を配置したものです。ここで大きく異なるのは、易の後天図の中央には何も記されておらず、空欄であるのに対して、気学の後天定位盤の場合は、洛書の中央に五個の斑点が記されていることから、これによって「五黄土星」という星が中宮に配置されて九星となっている

という事実です。

[洛書]

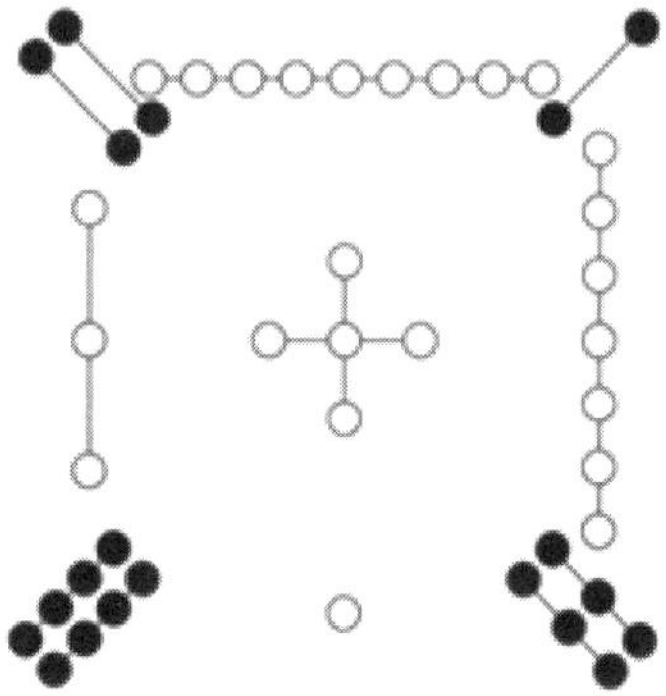

[後天定位盤]

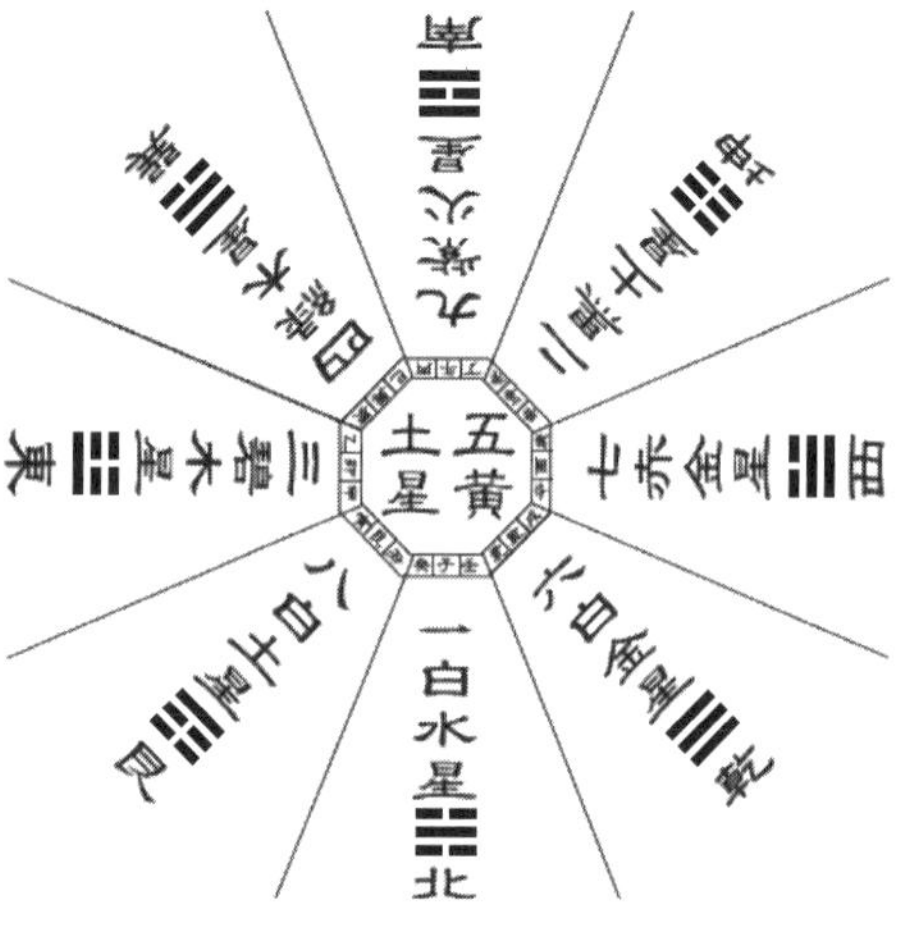

そもそも、洛書は「河図、洛書」と連称されているうちの一つで、すでに周易繋辞伝上に「聖人は天地万物の在り様をみて、これを河図と洛書として現した」と記されています。注目されることは、後天図の中宮は空白になっているのに対して、気学の後天定位盤の中宮には五黄土星が配置されているということであり、実は、それが洛書の中央に五個の斑点と合致していることなのです。後天定位盤で中宮に五黄土星が配置されている理由は、まさに此の点にあるのです。すでに指摘したように、洛書が事々物々の在り様を数象化して示しているとすれば、中央の五つの斑点は、参天両地でいう参と両の合一による「五」を意味し、まさに易繋辞伝の太極（万物の根源）を「五」という数で表したものということになります。ここに、後天定位盤の中宮に五黄土星が配置されている理由があるのです。

ところで、繋辞伝には「太極……形而上を道（無）といい、形而下を器（うつわ、物）」という言葉があります。この言葉を、太極＝道であり無であることと、それは陰陽未分の無形の気の状態を一体として解釈する立場と、太極が道であるということは、太極は無（理論）であり、器（即ち、気、物質）ではないとして区分した立場に解釈が分かれているのです。易繋辞伝の太極の解釈のこの問題は、時代が下がるとはっきりと二つの流れに分かれていきました。前者は、張横渠（１０２０年〜１０７７年）の思想で、太極は無＝空虚ではなく、無形の気の存在をいう、という立場であり、後者は、暫く後の時代の朱子（１１３０年

〜1200年）の立場で、太極を無として理と置き換えて解釈し、太極は気という存在物ではないとする立場を主張しました。ここから、朱子において易の後天図の中央が空白（理は物ではなく、理論であるから無である）とされている理由が、太極は道（無）という理解に基づいていることがわかります。

気学は勿論、張横渠の立場であり、太極は「陰陽混一の無形の気」であって、気の存在を否定しないとする立場です。張横渠によれば、八卦に展開される事々物々の根源は太極であるが、それは陰気と陽気に分かれる以前の状態の気、その意味で無形の気のことであって、後世の朱子のように、「太極＝理＝無」とするのは誤り、という立場なのです。

このような張横渠に代表される気の思想に基づいて、気学では事々物々はすべて気である、気は無形の状態（太極：陰陽混一の気エネルギー）である、という立場から、後天定位盤の中宮の位置に事々物々の生死を司る（成り立たせたり、消滅させる）作用、存在者として五黄土星を配置し、五黄土星は無形（作用であって形象がない）とされているのが気学における五黄土星の特徴であると考えるのです。しかし、このような解釈は、喩えれば「二而不二（二にして、二にあらず）」で表される論を理解できる知識が必要なため、気学では、園田氏を除いて彼の直弟子でこの解釈までに到達した人はいませんでした。ここに、気学における五黄土星の解釈が最難関とされる理由があるのです。

このような立場からすれば、万物の根源は「無」（太極）であり、しかし、空虚（空っぽ）ではなく、無形の気が充満した状態であること、あえて数に喩えれば一であり、それが二つに分裂して陰陽になり、さらに八卦となって「象、器（姿、形あるモノ）」即ち、事々物々に展開すると考えるのが正しいということになります。従って、気学の五黄土星は張横渠の太極解釈のように、卦がなく、即ち形がない「無形」であると同時に、無（陰陽二気混沌の無形の状態）であることによって「万物の根源となる」気とされるのです。例えば、生ずる、存在することも五黄土星の気による作用（無形の気エネルギー）であり、衰える、変質する、腐敗する、破壊する、そして無形（死滅、消滅）になるのも、五黄土星の気による作用なのです。つまり生まれるという現象も、死（消滅）という現象も、この両面を担っているのが五黄土星なのです。

このようにして、洛書によって後天定位盤の中宮を五黄土星とし、易繋辞伝と説卦伝から、九星の気の象意と方位を継承することによって、後天定位盤は、気学実践の根本となったのです。即ち、後天定位盤が九星象意の根本となり、運気の判断基準になることが可能になったのです。ここに後天定位盤の真実があるのです。

［2］先天定位盤の真実

一般的な気学の書籍では、常に先天定位盤と後天定位盤が並んでかかげられています。それは、気学の源流が易に依拠するということを示すシンボル的な意味だけにとどまらず、さらに奥の深い意味が気学との間に横たわっていることを示唆しているのです。後天定位盤については、易説卦伝の八卦の方位を定めた言葉と数象の由来となった『洛書』の二つに基づいて成立していることを明らかにしました。実は、先天定位盤も、同じように易説卦伝の言葉「天（乾）と地（坤）は上下に位置を定めながら互いに引き合い、山（艮）と沢（兌）は凹凸と対象的でありながらも、気を通じ合い、震（雷）と風（巽）とは互いに迫り合ってその威力を激しくし、水（坎）と火（離）とは相反するようでありながら、……」という言葉があり、天地が乾と坤の一対になっていること、そして他の六つの卦もそれぞれ一対になって組み合っていることが述べられていています。しかし、この言葉だけでは、乾（天：上）、坤（地：下）以外の六つの卦の配置がわかりません。それを明確にしているのが、繋辞上伝の「易に太極あり。これ両義を生ず。両義は四象を生じ、四象は八卦を生ず。八卦は吉凶を定め、吉凶は大業を生ず」という言葉であり、これを言葉どおりに図式化したものが太極・八卦展開図です。この陰の気と陽の気が八卦として、形を形成した結果が、図にあるように天の乾（☰）で始まり、兌（☱）、離（☲）、震（☳）と続く卦の初爻が陽爻の列であり、震（☳）で初爻の陽が極まると、初爻が陰の卦、即ち巽（☴）、坎（☵）、艮（☶）となって、地の坤（☷）で終了して、八卦が揃うという仕組みになっているのです。事実、先天図は初爻が陽である卦を陽、即ち左遷させて展開し、初爻が陰である卦を陰、即ち右遷させて展開し、始めと終わりが天、地となるように構成されているのです。つまり、太極・八卦展開図に符合するようにして左遷、右遷と展開させて円図としたものが「先天図」であり、これを模範として作成されたのが、気学の先天定位盤なのです。

以上のことは、図―1、図―2、図―3を考え合わせると了解出来ると思います。

［太極・八卦展開図］

（図—1）

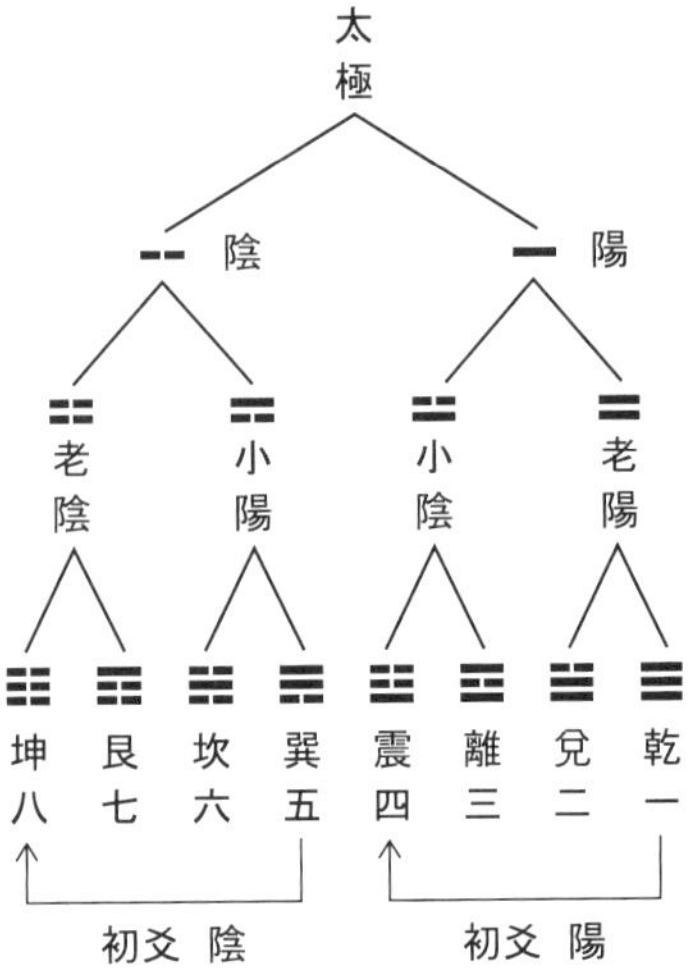

［先天図］

（図—2）

＊図—1の八卦の下に付されている漢数字と図—2の先天図に付されている漢数字との配置を照らし合わせれば、太極・八卦展開図と先天図が絶妙な形で一致することがわかります。
そして、気学の先天定位盤（図—3）が、この先天図を模範としていることも了解できます。

[先天定位盤]

(図―3)

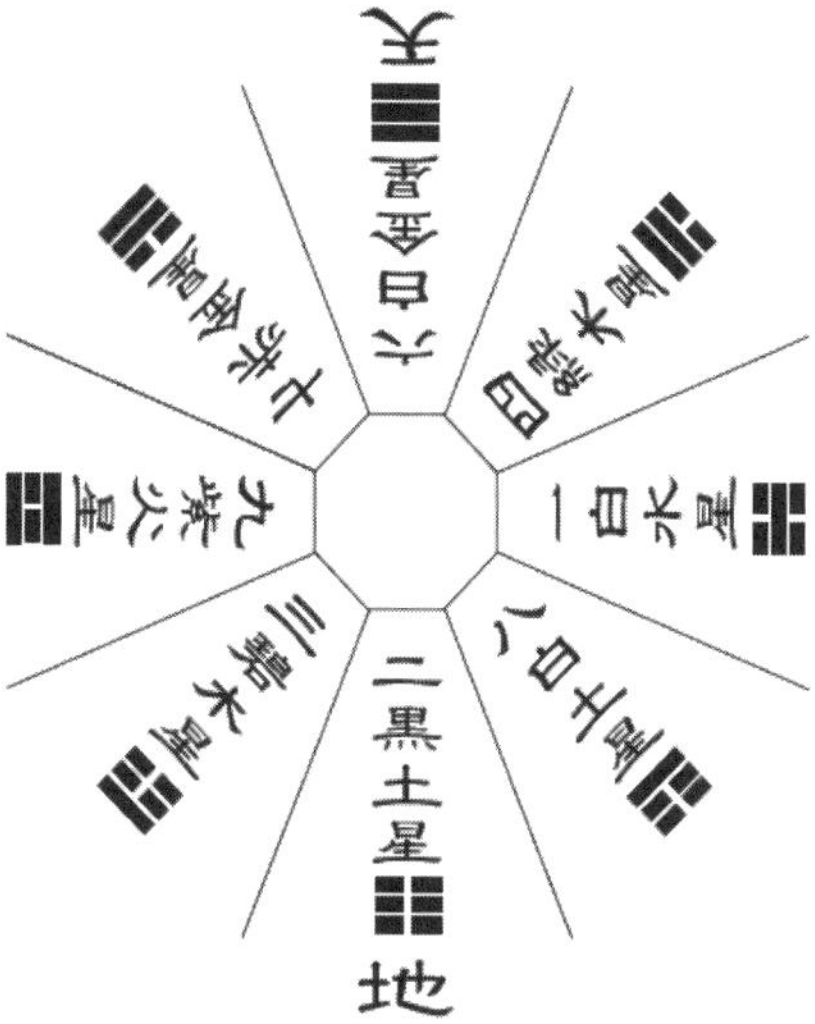

従って、後天図（後天定位盤）は陰陽の卦が組み合い、目に見える最初の形として、風、水など個々に現象するレベルの気の特徴を配置した方位によって表した図であるのに対して、先天図は、陰陽の気が形象をなす前、陰陽混一の太極から陰と陽のエネルギーが分かれて、その陰陽のエネルギーが分離と結合をくりかえして行く過程から八卦の成立を表した図が先

天図（それを模範としたのが先天定位盤）であるというように、両者を分けて理解しなければなりません。

そこで、次に、先天定位盤が特殊（中宮）傾斜を導き出すときに使われる理由について明らかにしていきます。この占技は気学を識るものにとっては常識ですが、しかし、なぜ、特殊（中宮）傾斜に先天定位盤が使用されるのか、従来の気学者がこの疑問に答えた形跡はありません。本項では、特殊傾斜を求めるときになぜ先天定位盤を使うのか、という疑問を明らかにし、これを通じて先天定位盤の仕組みの真実を論じていきたいと思います。

まず、前掲の太極・八卦展開図に注目したいと思います。すでにふれたように、太極の陰陽混一の無形の気は、まず陰気と陽気の二気に分かれ、さらに相互の組み合わせによって、四象、八卦へと展開してきます。その過程は前図のとおり、乾から兌、離、震へとすべて初爻の陽が並び、つぎに初爻がすべて陰の巽、坎、艮へと進み、坤（地）で終結していることがわかります。こうして、気エネルギーが「混一」であるところから分離、結合作用を繰り返して、はじめて八卦として定まった形象にいたるまで、即ち現象として捉えられるまでの過程を明らかにしているということです。

ここで、注目すべきことは、先天図において、両端の乾（☰）と坤（☷）の組み合わせをはじめとして、順次中央に向かって、左右対象となる卦をそれぞれ組み合わせると、いずれも陰陽の爻が混一して無卦、即ち太極になるという事実です。同様に、太極・八卦展開図をみると、八卦の組み合わせが、震の卦と巽の卦の間を縦軸（左右対象軸）にして左右の外側からそれぞれの卦が対をなすことによって、いずれの場合も陰陽の気が組み合って「陰・陽なし」即ち無卦の状態（太極）となることがわかります。しかも、すでに述べたように、これを円図として表したのが先天図であり、この図において向かい合う（即ち、対冲）の卦は、陰卦と陽卦が混じて無（卦）となり、要するに中宮（太極）となるのです。これが、太極・八卦展開図と先天図であり、ここに先天図の構成の特徴と太極・八卦展開図との関係があり、気学の先天定位盤の対冲から中宮傾斜という「みなし傾斜」を求める技法はこの論理構造を利用しているのです。この先天図をもとにした気学の先天定位盤の仕組みが理解できると、気学における特殊（中宮）傾斜の場合に、何故、先天定位盤の月命星の対冲の卦の宮が使われるのか、その理由が理解できるのです。

ここで、具体例によって説明をしていきます。

例えば、通常の傾斜の場合ですと、平成19年10月10日生まれの人は、本命星丁亥二黒土星、月命星庚戌三碧木星ですから、月命盤は、となり、この人は巽宮傾斜となります。

しかし、この人よりも、僅か一ケ月遅い平成19年11月10日生まれの人は、本命星丁亥二黒土星は変わりませんが、月命星が辛亥二黒土星になり、次図のように、本命星、月命星とも二黒土星ということになります。本命星、月命星とも二黒土星の場合、傾斜といっても、本命星も同じですから、結局、「五黄土星（中宮）に傾斜する（向かう）」ことになります。しかし、後天定位盤の中宮が五黄土星であるから、結局、五黄土星を重ねても当然ながら中央

［戊三碧木星月命盤］

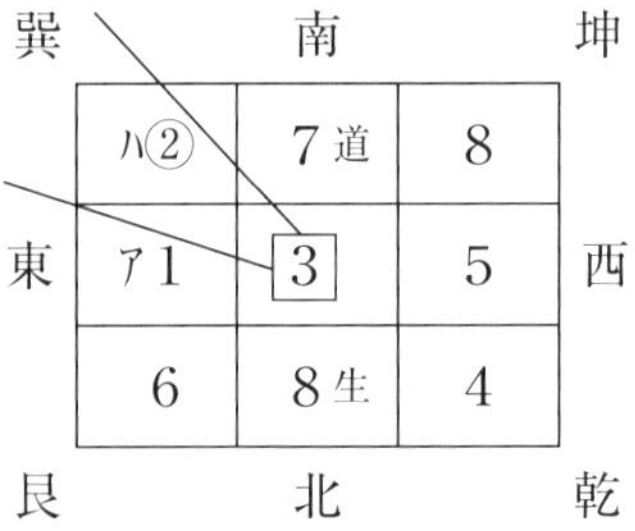

② 本命星

3 月命星

でしかなく、八方位の（傾斜のある）宮には辿りつきません。とすれば、中宮を手がかりにしながらも、別の方法で中宮に傾斜する気を取り出さなければなりません。そこで、中宮の仕組みに遡ることになるのです。

　気学の後天定位盤では、中宮は五黄土星で傾斜の糸口が見いだせなかったのですが、すでに述べたように、易では中宮は、太極とされ、太極・八卦展開図、あるいは、先天図として図式化させています。従って太極から八卦への展開を表している先天図を模範にした先天定位盤を手がかりにするほかにないということになるのです。

　ところで、すでに先ほど明らかにしたように、太極・八卦展開図において、太極を左右対象軸としたとき、左右の陰陽エリアで一対となる卦は、それぞれ組み合って結局は太極（陰陽混一の無）になること、それを円図で表したのが先天図で、先天図の対冲の卦同士が組み合うと中宮の太極（陰陽混一の無）になるという事実でした。ということは、例えば、本命二黒土星（坤・☷）、月命二黒土星（坤・☷）の人の場合、傾斜は特殊（中宮）傾斜になりますから、二黒土星と組んで中宮を形成している卦は何かというと、先天図の☷の対冲の卦（☰）ということです。これによって坤（☷）の中宮へ傾斜する場合のイメージが成立するのです。こうして、本命二黒土星と月命二黒土星の傾斜を構成する卦は乾（☰）ということになります。しかも、すでに述べたように気学の先天定位盤は、易の先天図を模範にしていますから、気学の特殊（中宮）傾斜も、このようにして、見いだすことができるのです。以上のように特殊（中宮）傾斜の場合は、先天定位盤の対冲関係を使う理由がここにあるのです。

このように、特殊（中宮）傾斜が、その先天図を模範としている気学の先天定位盤の太極に手がかりを求めるということこそ、まさに気学が易に依拠していることを如実に物語っているのです。つまり、八卦の特徴を示した後天図ではなく、八卦成立までの気エネルギーの過程を前提としている先天図を模範とする先天定位盤から「太極となる」二つの卦の関係を探し出すということなのです。

例えば、先ほどの、本命星、月命星とも二黒土星の人の傾斜は、先天定位盤の二黒土星（☷）の対冲、六白金星（☰）と組み合うことによって原点の太極（中宮：陰陽混一の気）となるところから、六白金星が「みなし傾斜」（乾宮傾斜）とされるのです。

このようにして、二黒土星の特殊傾斜は乾宮（六白金星）ということになり、本命星、月命星とも二黒土星の人は特殊傾斜であり、即ち、その気質は六白金星がかなり支配する、ということが言えるのです。

なお、これに付け足せば、後天定位盤が五黄土星から九気の現実の現象を示している盤であるのに対して、先天定位盤は陰陽混一の無形の気から八方位の気への論理的展開を示しているという点が、基本的に異なっているということなのです。すでに述べたように『周易本

［亥二黒土星月命盤］

巽		南		坤
	ハ1	6	ア8	
東	道9	2	生4	西
	5	7	3	
艮		北		乾

［丁亥二黒土星本命盤］

巽		南		坤
	ハ1	6	ア8	
東	9	2	4	西
	5	7	3	
艮		北		乾

［先天定位盤］

天

7	6	4
9	⇧	1
3	2	8

地

義』の先天図では太極と記されており、気学の先天定位盤では空白になっていますが、この空白は無形の気を示しているのであって、決して空白、空虚を意味しているのではありません。ただ、気学は気を森羅万象、事々物々の根源としているのですから、現実の気の配置を表す後天定位盤の中宮は、「生滅を司る生々の気」として五黄土星を配置してあります。これに対して、先天定位盤は、太極から八卦という形象化までの陰と陽の分離、結合の過程を明らかにした先天図を模範としていますから、太極である中宮を空白とすることによって、五黄土星が「気でありながら、無卦無形である」ということを示しているのです（この点については、易繋辞伝の太極を気の混一ととらえるか、理（無）ととらえるかをめぐって、宋代思想家が二派に分かれて一大論争を巻きおこしたような、大きな哲学的な問題を含んでいるのですが、ここではふれません（『実践する気学』所収、第五章〔完全版〕気学の真髄を参照下さい）。

以上が、特殊（中宮）傾斜と先天定位盤との関わりですが、一つ例外があります。即ち、本命星と月命星が五黄土星の場合は、別の処理が必要とされます。というのも、五黄土星は、陰陽混一の気として陰陽両面を備えており、陰陽が定まってないために、卦もありません。気学では、星はそれぞれ陰陽の三爻から構成された八卦に配当されるのですから、この意味で五黄土星は例外とされます。このため、月命星、本命星がともに五黄土星の場合は、先天定位盤を用いるまえに、特別の処理をしなければなりません。即ち、五黄土星は陰陽両面をもつため、陰陽論に依拠して、土星のうち、五黄土星の陰の面を二黒土星に、陽の面を八白土星に振り分けるという処理を行い、陰陽を定めてから、先天定位盤を使うことになります。即ち、五黄土星の陰の面（即ち本命星、月命星がともに五黄土星の女性）の場合は、傾斜は二黒土星の対冲の六白金星となり、五黄土星の陽の面（即ち、本命星、月命星がいずれも五黄土星の男性）の場合は、八白土星の対冲の七赤金星となるのです。

以上から、特殊（中宮）傾斜を求めるには、何故、先天定位盤を用いるのか、その真実が明らかになったことと思います。

［3］定位対冲論の真実

巷に流布している多くの気学の本には、凶方として五大凶殺に次いで、定位対冲という方位が凶方位とされています。実際、一部の気学者は五大凶殺のほかに「定位対冲」も大凶方と説いています。そもそも対冲の「冲」という言葉は、「突く」という意味で「対冲」と繋げる場合は「相対立して向かい側を突く」という意味です。そこで、所謂「定位対冲」とは遁行盤（主に年盤）上の星の位置が、後天定位盤上のその星の位置の向かい側の宮に回座することを定位対冲といっているように解釈できます。つまり、後天定位盤に年盤（遁行盤）を重ね、年盤の九星と後天定位盤の九星が対冲の位置にある場合、年盤のその方位を「定位対冲」として大凶方位とする考え方です。

これが、所謂「定位対冲論」の仕組みですが、この論に従えば、それぞれ次のようになります。

①一白水星（後天定位盤の坎宮）が離宮（南）に回座するとき、南方位は本命一白水星の人にとっては本命殺、かつすべての本命星の人にとっても定位対冲という大凶方となる。

南

東				西
	5	1	3	
東	4	6	8	西
	9	2	7	

北

（網掛け）：一白水星の定位対冲（大凶方）とされる方位

以下、同様に、

②二黒土星が艮宮（北東）に回座するとき、艮方位はすべての本命星にとって定位対冲の大凶方となる。

③三碧木星が兌宮（西）に回座するとき、西方位はすべての本命星にとって、定位対冲の大凶方となる。

④四緑木星が乾宮（西北）に回座するとき、西北方位はすべての本命星にとって、定位対冲の大凶方となる。

⑤六白金星が巽宮（東南）に回座するとき、東南方位はすべての本命星にとって定位対沖の大凶方となる。
⑥七赤金星が震宮（東）に回座するとき、東方位はすべての本命星にとって定位対沖の大凶方となる。
⑦八白土星が坤宮（南西）に回座するとき、南西方位はすべての本命星にとって定位対沖の大凶方となる。
⑧九紫火星が坎宮（北）に回座するとき、北方位はすべての本命星にとって定位対沖の大凶方となる。

ということになります。

しかし、ここに大きな問題があるのです。というのも、この大凶方論は、後天定位盤と遁行盤との意味の違いを忘れて混同しているからです。そもそも後天定位盤は九星それぞれの特徴を決める盤であり、現実世界の模範盤であるということです。つまり後天定位盤に吉凶の方位はなく、八方位の星と中宮の星（五黄土星）がそれぞれ固有の役割をもつことによって、現実世界は天地自然の気の流れに従って運行することを示しているのであり、他方、日々の気の流れに従って九星が巡行することを示す遁行盤こそが方位、運気の吉凶を鑑定する盤であるのです。このような気学の基本的な論理を混同し「定位対冲凶方論」と言って、後天定位盤を吉凶論に巻き込んでいる点が「気学の基本を忘れている」ということなのです。

つまり「定位対冲」論を成立させるために、目的が異なる二つの盤、九星の模範位置を示す後天定位盤と現実の吉凶を鑑定する遁行盤とを折衷させていると言うことです。

以上のような視点から、「定位対冲論」の論理が、誤っていると言わざるを得ないのであり「定位対冲は大凶方ではない」ということ、ここに真実があるのです。

［4］坎宮回座の真実

ここでは、九宮のうち誤解の多い坎宮を選んで解説をいたします。いうまでもなく、坎宮は一白水星の定位です。さて、一白水星は、水、穴、北などが易による代表象意とされます。水は万物の根源とされ、ここから気学では一白水星の象意として妊娠、子宝に恵まれる、という象意が導き出され、子供の欲しい人、所謂妊活の夫婦にとって、一白水星回座への吉方の宿泊旅行を勧める理由もここにあります。このことは、坎宮は十二支の子の位置にあたり、二十四節気の冬至、即ち、陰気の極と陽気の始めの位置にあたり「陰陽相交わる」場であるところから「生む」という作用・象意があるというのが、大きな理由の一つなのです。

ところで、冬至に於いて「陰陽の気相交わる」ことが「生む」ということならば、夏至においても、陽気の極、陰気の始めであり、冬至と同じく「陰陽の気が交わる」ところであるのに、何故、離宮には「生まれる」という象意がないのかという疑問が残ります。これを理解するには、陰陽の気の漸増漸減の流れを理解しなければなりません。

結論から言えば、冬至（子）において、太極の一が分裂して成立した陰陽の二気が交わることによって生命が生まれ、漸次、陽気（生命力）のエネルギーが増し、生命力が発展し、夏至（午）にいたって最盛期になって生命の形が完成することになります。しかし、その時

［十二支と陰陽の気の漸増漸減のイメージ図］

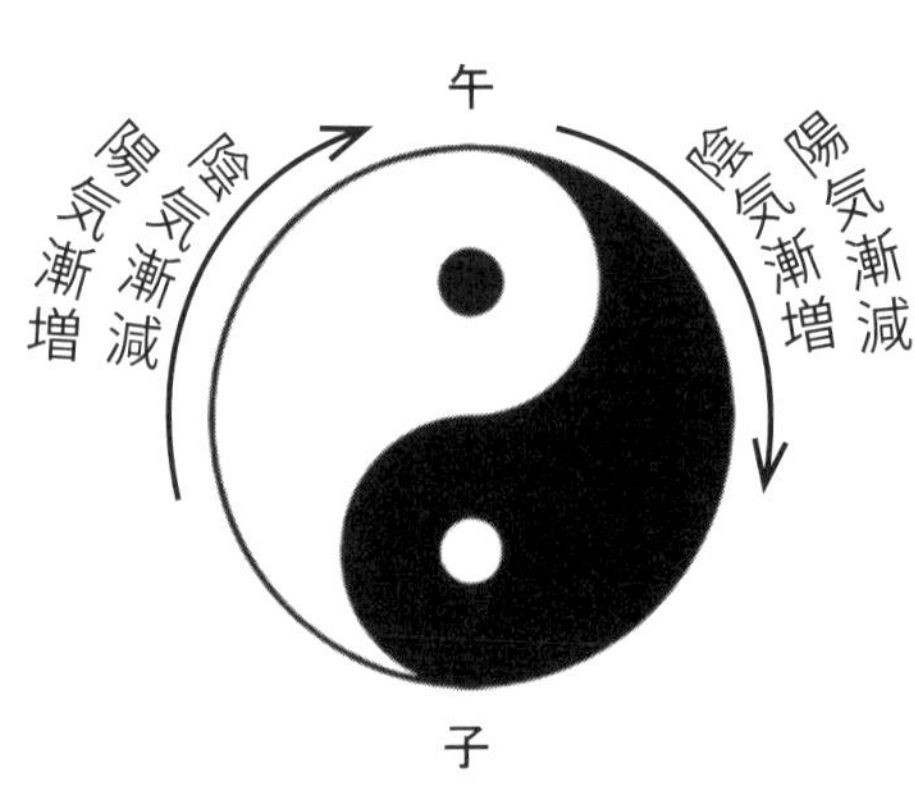

点で、すでに陽気が孕んでいた陰気の兆しがあらわれ、午を分岐点として、その後は、酉↓子に向かって陽の気（生命エネルギーの活性化作用）が漸減していき、それと反比例的に陰の気（生命エネルギーの減衰化作用）は漸増していくことによって、成熟する酉をへて、ついには種子として地中に還るという生命の生滅のサイクルを象徴しているのです。このように単に陽気と陰気とが交われば生命が生じ、成長するだけという直線的なものではないことを理解しなければなりません。

さらに大切なことは、坎宮での「生まれる」という象意の真義は、陰の気（例えば女性）と陽の気（例えば男性）の「二つがまずある」ということを前提としたうえで、その陰陽の交わりによる生命の誕生という現象を示しているということなのです。そもそも、陰の気、陽の気という「気」自体を誕生（成立）させるのは、一白水星の気ではないという重要な事実があるのです。平易な言葉で言えば、一が分かれて二になったあと、この二が合体させて、ものを生むという作用が一白水星の作用であって、「一」は五黄土星（易の太極）の存在を前提としているのです。まずは男性と女性があっての一白水星の作用なのです。男性、女性の区分以前の万物「一」の存在は五黄土星によって成立しているのです。

ところで「一白水星は水、水は万物が生ずるもと」と述べてきましたが、中国古代から、「生む」という作用、象意をもつ坎宮が北に位置づけられているのも、北には万物の生命と関わりがあると考えられてきたからなのです。これを示唆しているのが、次に紹介する中国古典の『荘子』「逍遥遊篇」の冒頭にみられる次のような有名な説話です。

「北の地に暗い海がある。これを天池という。そこに魚がいて、背の広さ数千里もある。だから、だれも長さを知ってる者はいない。その名を鯤（こん）という。そこには鳥がいて鵬（ほう）という。その背はあたかも泰山のように大きく、その翼は天に垂れ込む雲のようであり……」

このように、「荘子」では、北方を私たち常人の知では考えられない無限の世界とされ、その無限の地には、常識はずれの「モノ」が生息する場であると述べて、北は万物の象徴である鯤や鵬がうごめいている方位と考えているのです（因みに、昭和の大横綱「大鵬」という名は『荘子』のこの言葉に由来しているのです）。

ここで重要なのは、北瞑という言葉です。この言葉は北方の奥暗い混沌として区分のないところという意味であり、しかも鯤、鵬という常識では捉えられない大きさのモノが存在する場と想定しているところに、古代中国人の北のイメージがあるのです。あわせて、この陰陽の気が混沌としている状態こそ、後の張横渠が太極を「無形の気が存在する様態」なのか、あるいは朱子が「気が無い状態＝道＝無を意味する」ということなのかの分岐点になっているのです。このように、陰の気と陽の気の存在を前提とした合一させる作用が北方の坎宮の気であり、ここに坎宮の象意の真実があるのです。

［5］中宮回座の真実

ここでは中宮同会について明らかにしていきます。気学では未だに誤解があって、本命星が中宮に回座したときを最盛運期と位置づけながら、他方では、波乱の時期であるから要注意が必要として、移転、新築などは勿論、新規なことは何事もせず、ジッとしていること、などと言って人の心を萎縮させ、せっかくのチャンスや必要な事柄を推し進める気力をいたずらに奪うケースがしばしば見られます。これでは、中宮回座の運気が衰運と同様になってしまい、結局のところ、衰運期が一つ増えたのと変わりがありません。これもまた坎宮解釈と同じく、中宮の理解が不足している所に原因があるのです。

まず、気学の流年運期の盛衰の基準は、次の表のようになっています。

【流年運期 盛衰表】

巽		南		坤
	③巽宮 (盛運３期)	❹離宮 (衰運４期)	①坤宮 (盛運１期)	
東	②震宮 (盛運２期)	④中宮 (盛運４期)	❷兌宮 (衰運２期)	西
	❸艮宮 (衰運３期)	❺坎宮 (衰運５期)	❶乾宮 (衰運１期)	
艮		北		乾

○は盛運期　　●は衰運期

は中宮で、最盛運期

まず、この運期盛衰表の盛運期を巽宮まで解説していきます。
①坤宮に回座することによって、人は変化、育成の気の作用をうけ、積極的行動の予兆を感じ取る（盛運１期）。
②次に震宮に回座し、人は生々の気の活性化作用を本格的にうけて、急進的に進もうとする（盛運２期）。
③さらに巽宮に回座すると、伸展、調和の気の作用をうけて、自分自身の成長だけに向いていた関心が他者との関わりへ向かっていき、それによって急進的な行動が調和的になって、周囲からの信頼を得る（盛運３期）。
以上が、気学における盛運期の中宮回座の手前までのあらましです。

では、中宮回座の運期、即ち盛運４期については、従来どのように説明されているか、その代表的なものを紹介しますと、
イ．中宮は八方位の星に囲まれているので、俗に言う「八方塞がり」の場であり、従って中宮に回座した年は移転、増改築、結婚、転職、新規起業などはせず、ジッとしていることが望ましい。
ロ．中宮同会とは後天定位盤の五黄土星に同会しているために、何をしても運気は波乱と

なるので要注意の時期であり、吉凶半々の運気となる。

などが、代表的な解釈です。

しかし、このような理解ですと、なぜ、従来の気学において中宮回座が盛運4期、即ち、盛運のピークと位置づけられているのか、本来なら運気の絶頂期なのですから何事も自信をもって取り組み、その行動によってすべてを成就できる時期とされるはずなのに、そうとはならず、あたかも薄氷を踏むような慎重さで、消極的に生きる時期であることを勧めているように思え、運期と運気の解釈との間に矛盾があると言わざるを得ないのです。このような従来の運期解釈では、むしろ巽宮回座の盛運第3期のほうが、あたかも最盛運期のように感じられるほど評価されているのです。

実は、この原因には、五黄土星の気の解釈が的確でないこと、つまり、これまでの気学が、五黄土星がもつ作用の一面である腐敗、滅亡などの否定的な作用にとらわれているというところに原因があるのです（本章［1］後天定位盤の真実　参照）。

即ち問題は中宮、五黄土星の解釈と評価にあるのです。いうまでもなく、中宮は後天定位盤で五黄土星であり、この五黄土星の理解が正しくないために、中宮回座の運期も正しく理解できないのです。そもそも気学の五黄土星とは、事々物々を成り立たせる生々の気エネルギーであり、逆にその生々の気の減衰は事々物々を消滅へ導く作用、働きを言います。

　このように、事々物々の存在を根源から成り立たせるエネルギーの座である中宮に、本命星が同会するとは、このようなエネルギーの影響をうけることであり、たとえて言えば「天下に敵無し（すべて自分の思いどおりになる）」あるいは「唯我独尊」というような万能感に浸ることになるのです。即ち、中宮に回座すると五黄土星の気の作用をうけて、自信と気力に満ち、自分の見方や信念を貫き通そうとしたくなるのです。この作用によって、中宮に回座した人は、その人が本来もっている以上の力を発揮することが出来、期待以上の結果を残す事が出来るのです。この意味で、中宮同会の時期は最盛運期といえるのです。但し、重要なことは、そのとき、自分自身が中央にいるため周囲が目に入らなくなること（所謂「唯我」）がしばしば起こるということなのです。とくに、万能感に浸り自信過剰になると気持ちが大きくなり、脇が甘くなって、実際の自分の実力やその限界が見えなくなり、その結果、周囲の意見が耳に入らなくなります。この状態に陥ることによって、人は思わぬ失敗を犯すことになり、極端な場合は、人生を棒にふるような事態に転落してしまうのです。こうしてみれば中宮同会の運期とは、八方塞がりや、要注意の時期という理解よりも、意味が深いことがわかるでしょう。要するに、自信過剰になっていないか、周囲の意見はどうか、人望は本当にあるのか、という心構えと姿勢をもって行動すれば、万事、自分の思いどおりにものごとを進めることができる時期なのです。ただ、このような謙虚な気持ちをもつことが簡単ではないということは事実です。しかし、これと、五黄土星が中央に位置して八方位に囲まれているから、八方塞がりであるとか、腐敗の気をうけるという誤った解釈とは異なることはいうまでもありません。例えば、中宮回座の年に家を新築してはならないというのも「気宇壮大になって、現実には、確実な金銭的裏付けもないのに、人の忠告に耳をかさずに強引に着手する」ような状態をいうのであって「中宮回座の時には、することなすことすべて自滅の原因になる」というわけではないのです。このように中宮同会の運気解釈を歪める原因は、五黄土星の表面的な解釈にその原因があるのです。

以上、中宮同会の運気の真実を述べてきましたが、これに基づいて①~③に続く④（中宮回座の盛運4期）の内容は、

④本命星が中宮に回座することによって、自分の存在、自分の実力に完全性を感じ、思う存分本命の本領を発揮する気運になる。こうして本命星が中宮に回座した人の運気は最高潮に達するわけである。中宮はこのような作用、現象を特徴とする気エネルギーをもち、その結果、本命星が中宮に回座すると「最盛運の時」とされる。このように、することなすことが思いどおりになり、その結果、これまでの努力が結実し、満願成就を実現できるという、九年に一度の年になる。但し、その際、その見通しが自分の実力を越えたものであ

るか、それだけの人望が自分にあるかどうかをわきまえるのが、必要だということなのである。これには、万能感に浸っているか否か、周囲の人の意見に耳を傾けられるかどうか、が見分けるポイントになることを自覚しておくことが必要な時期である、ということになる。

これが④盛運4期、中宮回座における運気の真実なのです。

以下、衰運期（❶〜❺）について簡単に触れておけば、

❶このような中宮の最盛運期を過ぎると、本命星は乾宮に回座することによって「何事も筋道（天理）を正す」という「天の気の作用」、即ち乾宮がもつ粛正の気の作用をうける。この作用をうけて、盛運期で行った事柄を収拾し、それを筋道立てて整理する時期に入っていくために、忙しく動き回る時期となる（衰運1期）。

❷次に本命星は兌宮に廻る。兌宮は、活発な成長活動を終えた動物が癒やしを得るために、沢地に寄り集まるような気運を醸し出し、この兌宮の気の作用をうけて、人の心は一段落感が生まれ、リラックスした心の状態を求めるようになる（衰運2期）。

❸さらに本命星は艮宮に回座し、人は不動の山に直面した時のような行き詰まり感を感じて、強い停滞感に浸るか、逆に土性の変化の気の作用をうけて、山崩れのような状況の急変という運気に囲まれる。いずれにしても身の振り方の難所を迎えるのである（衰運3期）。

❹このような艮宮を抜けると本命星は離宮に回座する。ここで、本命星は離宮がもつ「気分がうわずる」ような高揚の気に曝される時期を迎え、離合集散、毀誉褒貶を経験する時期に入る（衰運4期）。

❺この離宮回座の時期を通り過ぎると「万物は水に帰する」といわれるように、本命の気は「天地万物の帰着点」である「坎宮」に回座する。即ち、人は坎宮がもつ水気の作用、潤下、還元の気の作用をうけることになる。この結果、状況は水気の「潤下」作用をうけて、不活発で沈思黙考気味になり、内向的な姿勢に強く傾斜していく。しかし、坎宮は直線のターミナル（終着点）ではなく、再び坤宮（盛運1期）へと回帰して、運期の循環のループを形成していく。その転換点の場が坎宮であり、坤宮回座への準備期でもある（衰運5期）。

これが、運期一巡の姿なのです。即ち、坎宮の気は水気であり、水が地中に染み渡り、地中の種子を包み込んで陰気と陽気が合体されることによって新たな生命の端緒へと繋げていくという「還元」の働きを持ちます。従って、中宮を頂点とすることによって、その後、本命星は乾宮から離宮へと回座していくのですが、坎宮において、種子の状態が衰運の終わりであると同時に盛運の端緒となり、坎宮が盛衰運期の回帰点になっていることがわかります。このように「坎宮」が「両義性（一つの言葉が相反する二つの意味をもっていること）というべき」面をもっていることによって、坎宮に回座した人にとっては「運気再生」の場となるのです。

［6］凶方移転の対応策と太極の真実

〈1〉

気学において太極は吉凶の方位の原点を定めるものであるため、方位の吉凶について心得のある人は、移転、即ち太極の移動については重視します。

そもそも、気学における太極の真義は、天地生々の気を意味しているのですが、私たちの実際の生活においては、

①天地生々の気を区切る家

②その家によって切り分けられた、そこに住む人の本命の気

この二つを意味し、この二つをそれぞれ「太極」とよんでいます。

本来、移転、移動するということは、その方位に展開している五大凶殺や相剋などの凶方の気、あるいは相生、比和、天道、生気などの吉方の気を取り込むということです。即ち、その人にとってその方位に吉意の気が展開していれば、本命の気がそれを取り込み、一段とその人の本命の気の活性力を強化させ、その人が納得できる人生を送ることが可能になるのであり、逆に、その人にとって五大凶殺などの大凶方であれば、活性力を削ぐ大凶方の気を

取り込むことになって、その活性力が著しく低下、あるいは障害されることになるのです。具体的には、免疫力の低下、それによって大病や鬱病の発症、判断力、決断力の欠如、人間関係のトラブルによる失職、解雇、離婚などの負の連鎖に入り込み、こうして私たちの人生設計を崩壊させる作用をうけるのです。とくに、五大凶殺という大凶方への連泊が移転日から45日を越えると、本命の気がもつ活性力の衰えが一時的なものではなく、硬化してしまい、慢性的に生々の気をスムーズに取り込みにくい状態に固定してしまうのです。勿論、45日という限度以内であっても、凶方位（とくに大凶方位）への移動や宿泊は、その人の本命の気がもつ活力を一時的に損なうことは言うまでもありません。しかし、45日以上の連泊という一線を越えると、事態は一時的から固定的へと全く変わった局面に入ってしまいます。即ち、移転方位が大凶方位であった場合、移転先への宿泊の開始日を起算日として、45日の連泊によって、凶作用と現象がその人の本命星の構造そのものを傷つけてしまい「生々の気の活性力の障害が固定化される」ことになるのです。その結果は先に述べたとおりですが、心身のコントロール、判断のバランス性、外部との柔軟な距離を保つ感受性が硬直化してしまい、それによるストレスの蓄積と免疫力の低下を回復するには、月単位ではなく年単位の時間がかかることになるのです。そして、その分岐点が45日間以上の連泊就寝ということなのです。

ここでいう45日という日数の根拠については諸説がありますが、ここでは、後天定位盤は現実世界の集約ですから、それを後天定位盤上に展開したときの一白水星から九紫火星までの星の数象の総和である45が現実世界の意味的な根拠としているという理解に立っています。しかも、九宮のいずれの宮から数えても、45をもって九星を網羅することを繰り返していくのですから、もとの住居での天地生々の気（それまでの後天定位盤）が、移転後45日を越すと移転先における天地生々の気（新たな後天定位盤）に則って、新居を通じて再び天地生々の気を取り込み始めることになります。逆に「移転して45日未満であれば、太極（本命の気）は自宅にある」ということは、これまでの旧自宅で取り込んでいた天地の気によって本命の気は依然として支えられており、従って連泊が45日未満であれば、いまの本命の気が保持している天地の気は変わっていないために、新しい移転先の天地の気を取り込む状態になっていないということです。即ち「すでに移転先で宿泊をしていても45日間の連泊未満であれば、太極は依然としてもとの自宅にいた時に取り込んでいた生々の気によって、本命の気が活性化されている」ということなのです。

このような理由から、たとえ大凶方に移転しても、そこでの連泊就寝が45日未満ならば依然として移転前の住居を通じて取り込んだ天地の生々の気を保持しているのです。そのため、年盤が替わり、その方位の吉凶が変わるまでの間、後に詳しく述べるように45日の連泊外し（連泊を中断すること）を行って、移転先が現在の住居から吉方に替わったら移転を開始し、新しい住居に入居後、45日を越えて連泊することが問題解決の切り札となるのです。その際、45日の連泊外しで別の方位へ外泊する場合は、自宅からみて月盤上で吉方になる方位であれば、自宅であれ、自宅以外の宿舎であれ、それが望ましいということになります。また、このことは45日の連泊を越えていないからこそ、自宅で保管している自宅からの吉方位での御神砂が有効である、ということが真実であることの証明でもあるのです。

以上から、移転開始日から45日間の連泊が移転成立の可否の転換点となっていることがわかります。繰り返すと、吉方の気を45日間取り込んできたことによって、本命の気が新しい移転先で天地の気をスムーズに取り込むことができ、それによって本命の気はより一層活性力が充実するのです。逆に、大凶方への45日間の連泊を越えれば、移転した日から、新しい住居においても天地生々の気を取り込むことに変わりはありませんが、すでに45日間、大凶の気を取り込んできたために、その新居に住む人の本命の気は活性力が枯渇・硬化しきった状態に陥っており、そのために、新しい住居を通じて、天地生々の気をスムーズに取り込めない、即ち、本命の気エネルギーが低下した状態が年単位で長く継続するということなのです。

こうして、本命の気が新しい住居において天地の気を十分に取り込むような対応力を失った状態に陥ってしまうために、回復するまでには年月をまたぐ長期間にわたって、最大の方災をうける下での生活を送ることになるのです。なお、大凶方に45日以上の連泊をしない場合と45日を越えて連泊をした場合の方災の強弱について言えば、次のようになります。即ち、45日未満であれば、本命の気が被る大凶の作用は月盤上の大凶作用の範囲であり、これに対して45日を越えて一ケ所に連泊することによる大凶作用は、年盤の大凶方に匹敵した規模、即ち、年単位の長さと強さになるということであります。このように、45日以上の連泊をした場合と、それ以内の凶方連泊とは、本命星に与えるダメージが本質的、構造的に異なるということです。気学における太極と本命の気の観方からすれば、ここに「人の移転というもの（太極の移動というもの）は、45日以上の連泊就寝をもって完了する」という気の原理があるのです。即ち、移転先の方位が吉凶いずれであっても、ひとたび人が新しい方位を使って移転し、45日間の連泊（就寝）を完了すると、その時点から、本命の気は移転先の住居（家）を通じて天地生々の気（太極の気）を取り込むことになるのです。また、気学において、「何故家相が問題となるのか？」の理由もここにあるのです。巷で、「家相は間取りの方位を問題にするから、方位を扱う気学の範囲となる」という説は、太極の存在意義を見落とした、本末転倒の論であるのです。そうではなく「人は生々の気（太極）を個々の家を通じて取り込むために、生々の気は、それぞれの家の形（外郭）、家の内部の構造（間取り）によって制約や影響をうけるため」というのが真実なのです。

ここで重要なことは、新しい移転先の住居も太極を意味しますが、この家を通じて天地生々の気を取り込む本命の気もやはり太極であるということです。これが、移転先が吉方であれば、移転が完了する45日間に取り込んだ吉方の気によって本命の気は一層活性化され、移転が凶方移転であれば、移転が完了するまでの（凶方移転中である）45日の間に取り込んだ凶方の気によって、本命の気がもつ活性力が枯渇・硬化する状態が慢性化してしまうということなのです。

従って大凶方（例えば五黄殺）に移転したために、「太極が大凶になる」という解釈は誤解を招くのです。そうではなく、吉方へ移転すれば、移転完了までの間、45日間生々の気を取り込んできたので、移転先の新しい生々の気を引き続きスムーズに取り込むことが出来るということなのです。これに対して、大凶方へ移転すると、移転を開始した日から継続して大凶の気を吸い込み、新居に入居しても45日まで、日を重ねることによって本命の気の活気が削られ、そして45日を転換点として本命の気が柔軟性が乏しくなって枯渇・硬化し、そのため移転先で45日以降、生々の気（太極の気）を取り込む力が衰えて、生々の気をスムーズに取り込むことができなくなる、ということなのです。こうして本命の気の活性力が失われた状態に陥ってしまう結果、健康上、職業上、金銭上、人間関係上、あるいは家庭上の問題でトラブルが生じた際に、想定外の事態に巻き込まれ、解決の目途が立たないまま状況に流されて、ついには人生の崩壊に陥るのです。

以上のように、太極という言葉を厳密に使い分ければ、冒頭で箇条書きにしたように、太極とは天地に充満する生々の気であり、「天地生々の気を取り込む場（家）」を通じて個別化され、この意味で家もまた太極と言われ、同時に、それを心身に取り込んで本命の気として保持する主体（人）も、太極ということになるのです。

なお、長期入院の場合ですが、45日を越える入院のケースは、病気によって生々の気は低下していますが、入院というのは、その人が病院に就職し、そこに住み込み勤務するというような日常生活的な転居ではなく、むしろ入院によって日常の正常な生活から隔離されているので、方位の原点は依然として自宅にあると見ます。

〈2〉

前項で、気学上での移転の完了とは、方位の吉凶にかかわらず、45日間の連泊をもって成立するということについて述べてきました。即ち、移転先に連泊して45日を越えると、本命の気の活性力は枯渇し、ついには硬化してしまう状態に陥る」と述べてきましたが、さきに簡単に触れましたが、ここで、何故「45日」の連泊にこだわるのか、その理由を説明しておきます。

そもそも、後天定位盤は、現実世界の事々物々の総体を集約して示す盤なのです。

［後天定位盤］

巽		南		坤
	4	9	2	
東	3	5	7	西
	8	1	6	
艮		北		乾

$1+2+3+4+5+6+7+8+9=45$

この後天定位盤において、一白水星（1）から九紫火星（9）までの星の数象の総和は45であり、しかも、太極とは、気学において中宮の五黄土星の作用であったことを考えると、もとの住居での天地生々の気（後天定位盤）が、移転46日目からは、干支の還暦の仕組みと同様に、移転先での天地生々の気（後天定位盤）に変わり、新しい住居において就寝することによって、最も深く天地生々の気を取り込み始めるということになります。このように「移転して45日未満であれば、太極（本命の気）は自宅にある」ということは、本命の気は、これまでの自宅で取り込んできた天地の気によって活性化しており、従って、いま本命の気が保持している天地の気は変わっていないために、新しい移転先の天地の気を取り込む状態になっていないということなのです。

即ち、「すでに移転先で宿泊をしていても45日間の連泊未満であれば、太極は依然としてもとの自宅にいたときに取り込んでいた生々の気であり、本命の気も活性を保持している」ということなのです。このように、たとえ大凶方に移転しても、45日未満ならば依然として移転前の家を通じて取り込んだ天地生々の気を保持している（即ち、後天定位盤は新たに変わっていない）のです。そのため、年盤が替わり、方位の吉凶が変わるまでの間、移転を延ばすことによって、その間、その人の天地生々の気を枯渇することなく保持しておき、移転先が年盤上で吉方になった後に移転し、新しい住居に45日以上連泊することが問題解決の方途となるのです。

繰り返すと、吉方の気を45日間取り込んできたことによって、本命の気が新しい移転先で天地生々の気をスムーズに取り込むことができ、それによって本命の気はより一層活性力が充実します。逆に、大凶方への45日間の連泊を越えれば、新しい住居においても天地生々の気（太極）を取り込むことに変わりはありませんが、45日間大凶の気を取り込んできたために、その新居に住む人の本命の気は硬化し枯渇しきった状態に陥っており、その結果、新しい住居を通じて天地生々の気をスムーズに取り込めない、即ち、本命の気が枯渇・硬化した状態が継続するということなのです。

〈3〉

ところで、大凶方への移転を年盤で吉方になるまで待てない場合は、既にふれたように所謂「方替え」という手段をとることになります。この方法は、自宅からとりあえず吉方へ仮移転し、さらに仮移転先から新居への最終的な吉方移転という、仮移転先が一ケ所（場合によっては二ケ所）を使う移転になりますから、直接大凶方の新居へ移転することによる危険を犯すという問題は生じません。しかし「方替え」は、たとえ仮移転先が一ケ所でも、そこでの45日以上の連泊を必要とするために、通勤通学上での不便さや経済上での負担が大きく、誰でもがたやすくできる方策ではない場合があります。このように、方替えという方策がとれない場合、次善策とされるのが、連泊45日未満に最短一日自宅に帰る、あるいは自宅からみて吉方に最短で一泊以上外泊することによって、移転先での「45日間の連泊の成立」という原則を外すという方法です。これによれば、移転の当初に一度は大凶方を使うことによって本命の気の活性力は大凶方の気による障害をうけ、その活性力は一時的には低下するものの45日の連泊という状態は解消することができ、この方法によって本命の気の活性力が枯渇・硬化状態に陥ることからは、とりあえず免れることができるということになり、一つの便法となります。但し、この場合に気をつけなければならないことは、それまで、外泊をして45日の連泊外しをしてきたのに、最終的に新居で宿泊を開始した日が、依然として大凶方である場合、即ち、移転先が吉方に替わる前であった場合は、結局は大凶方への移転になってしまうので、あくまでも連泊開始の日が吉方に変わっていないと、それまで苦労して外泊を繰り返して45日外しをしていても、結局は大凶方への移転になってしまうという点です。

こうしてみれば「45日外し」という表現は不正確で、正確には「移転を前提とした移転先への宿泊の開始日が、年盤で吉方となっていること」という条件がなければ、無条件で45日間のうち、一日でも外泊か、元の家に泊まれば良いということは、無意味になってしまいます。

なお、45日未満とはいえ、長期間にわたって、大凶方の気を取り込んでいたことによる本命の気への障害を逃れることは出来ません。また、45日間になる前に、幾日間か自宅へ戻って凶方への太極移転にならないようにしたいが、自宅がすでに取り壊されてしまったり、他人名義になって使用できない場合については、以下のような方策をとることになります。即ち、移転前まで住んでいた自宅からの方位で得た九紫火星の御神砂が有効なエリア内の宿泊地を探し求め、九紫火星の御神砂をまいて宿泊することが次善の対応策となります。

これらの回避策のどれをも取れず、諸般の事情から、結局大凶方へ移転し45日を越えて連泊してしまった場合には、活性力が枯渇・硬化した本命の気が、移転前のような十分な活性力を取り戻すのには、12年以上の歳月を要するということなります。このように、すでに大凶方への移転を完了させてしまった場合にとれる対応策としては、移転先の新しい住居からみて吉方に45日以上の仮移転をし、その後、再び吉方で新居に再度戻れば、大凶方への移転によって枯渇・硬化した活性力を回復する日数を大幅に短縮させるのに有効な方策となります。

なお、出張先で病気になり、通院をしなければならない場合は、45日未満であれば、病院の方位は出張先の宿舎からではなく、自宅からの方位で吉方の病院を探し、さらに御神砂が保管してあれば、それも使うことができます。というのも、出張先の病院の方位には、太極が移っていないので、吉凶はもとの自宅からの方位ということになるからであり、この意味で、自宅を原点とした御神砂を使うことができるということです。

以上、太極の意味を正しくとらえなおし、移転にともなう様々なケースについて述べてきました。これによって太極の真実と凶方位移転に対する対応策が明らかになったことと思います。

特別編　九星の象意

［1］象意の真実――松田統聖

［2］イメージとしての象意――花澤瑛象

この章の［1］象意の真実　では、気学の基礎述語である「象意」の真義がどこにあるのかが関心の埒外におかれ、長年にわたって忘れ去られてきた象意の真実を追い、気学の核心に迫ります。また［2］イメージとしての象意　では、このような、新しい象意解釈に基づいて、従来の象意区分を整理しました。但し、長年、従来の象意区分になれている皆さんの便宜を図るため【旧説】として、昭和30年代からの象意例を併記しました。

#［1］象意の真実

気学は「九星気学」ともいわれるように、一白水星から九紫火星までの九つの星に備わっている気の現象から、その現象の意味（象意）を読み取り、人の気質の解析や方位の吉凶や運気の強弱を判断したり、気のエネルギーを有効に利用することを目的とする鑑定学です。つまり、気とは事々物々（即ち、森羅万象）を成り立たせている気エネルギー（働き、作用）のことであり、気学では、その源流である易繋辞伝に記されているように、太極に擬した五黄土星と八卦を含めて九星とし、それに対応して九種の気エネルギーに区分しています。従って、気学を駆使するためには、自分を取り巻く九星の気の作用と現象との関わりを知り、九星の気がもつ現象の意味、即ち象意とはどういうことなのかを理解しなければなりません。ここに気学における象意を明らかにする理由があるのです。

そもそも森羅万象という言葉に「象」の文字が入っているように、それは、事々物々がすべて生々の気によって成り立っている「現象」をいうのであり、ここでいう「成り立っている」とは「事々物々という現象として在る」ということなのです。即ち、気学の象意とは、状況の現象である「事象」と「人象」や「物象」、そして空間（気象、方位）、時間などに示される「天象」の四つに大きく分けることができるのです。つまり、人は気の作用による事象と人象、物象、そして天象の意味するところ（即ち「象意」）を感じ取って現状を把握し、あるいは今後を予測しながら生きているのです。ところで事々物々と象意との間には「……と認知する」「……と捉える」という意味で「人の認識が介在している」ということです。ここに象意の核心があるのに、従来の気学では「人の意識の介在」という重要なポイントを見落とす、即ち、人の認識という介在を無視し、象意をリアルな現象から切り離し、もっぱらそれを九星のどの星に分類させるかに目を奪われてきたのです。例えば、現在、巷に流布している気学の啓蒙書では「日盤で二黒土星が回座する方位へ行けば、お婆さんから甘い食べ物をご馳走になる」などという例が書かれていますが、これは二黒土星の気がもつ「古い」「母」「甘いモノ」という象意と方位を単純に結びつけた解釈の一例です。この例にならえば「三碧木星の方位へ行けば、若者から酸っぱい物をご馳走になる」「九紫火星の方位へ行けば、中年の女性から、高価な食事をご馳走になる」ということになってしまいます。勿論、このようなことをいう気学者はなかなか狡猾で「……ことがある」という表現にして、そのような現象が出ない場合にそなえて、逃げ道をもうけているのです。つまり「そのような現象に出会わないこともありますよ」というような仕掛けになっているのです。あるいは、従来の象意では、飲食物、動物、植物などの項目が設けられてきましたが、例えば、「白クマ」を一白水星の象意として見抜いたからといって、あるいは、「福寿草」をみて一白水星の気からなる植物である、ということがわからないからといって、気学の鑑定にとって、どのような意味があるのでしょうか。このような象意の特徴に鈍感で従来の考え方を踏襲しているから、二黒土星の方位へ行けば、甘いものに出会う、三碧木星の方位へ行けば酢の物を食べる、ということを「したり顔でいう」気学者が出てくるのです。

このような事態に陥る原因は、すでに述べたように、事々物々の現象はフレキシブルで生き生きとした人の意識によって捉えられて、はじめて「象意」となる、という理解ができていないからです。例えば、飛行機は「風が空を飛ぶようなイメージ」という受け止めから、四緑木星の象意となりますが、整備士からすれば、格納庫に収納されている精密機械のかたまりという受け止めもあり、この場合は六白金星の象意でもあります。さらに、ウグイスの象意は鳥の「風をうけて飛ぶ」姿に心を動かされるのであれば、四緑木星の象意ですが、その鳴き声が醸し出す状況を重視すれば、春という季節を感じさせるところから、三碧木星の象意にもなるのです。あるいは、地球を二黒土星の物象というとき、日常のレベルで地球は大地（二黒土星）の塊であると感じ取るから「地球を二黒土星の物象とみる」ということであって、科学的な分析による実際の地球は、土だけで出来ているわけではありません。要するに物象というのは、人が物体や状況に接して、意識、心の働きを通じて、それらの現象をとらえるとき、それが象意であるということなのです（八卦と象意については井筒俊彦著『意識と本質』２０８〜２１２頁を参照）。

このように、気エネルギーによって成り立つ事々物々の象意は「人がそれをどのようにとらえる（それがどのように私に現象している）か」という、人の意識、心がまずあるのです。そして、それによって事々物々が、九星のいずれかの事象あるいは、人象、物象、天象という象意になり、その象意が気学の方位の吉凶判断、運気の強弱判断の内容となって、気を応用した行動ができるのです。こうして、問題とする現象を的確な象意として把握し、年盤や月盤を活用して希望する状況を実現するところに、気学の真骨頂があるのです。この点について、すでに触れてきたように、園田真次郎氏は、昭和12年に大正館研友會本部から発行された「方象講義録　五黄土星」のなかで、作用、エネルギーとしての気と、その気の作用による現象との違いを明快に述べているので、ここで紹介いたします。

「一般鑑定上に用いるに、何事に限らず古い物は五黄であるとして之を運用してきているが其品物の腐敗を指すのであるから、此の点を能く理解されたい。自然に腐敗して往く物品其者を指して言うのでは無く、物品其物を腐敗せしむると云う天地の理気を指して之を五黄土星と謂うのであるから、……腐敗して行く品物其物を指して五黄土星の本体と見てはいけない。腐敗せし諸物は五黄という気に支配せられて腐敗するのであるから腐敗物を直接の五黄としてはならぬ」（12頁―五黄土星は―）と的確に指摘しています。但し、園田氏は気の作用を引用文中にあるように「天地の理気」と述べ、宋学の朱子的な「理」を使っており、私の気学の解釈とすべてが一致しているわけではありませんが、五黄土星の気は作用（エネルギー）であって、物品という対象物（象意）そのものであると考えてはならない、という解釈は、気の作用と、作用した結果の象意との関係の真義を掴んでおり、この点では園田氏の理解は的を射ているのです。余談ですが、園田氏が、これほど噛んで含めるように述べているということは、すでに園田氏が活躍していた時期に、彼を取り巻く直弟子たちは、五黄土星の気と五黄土星の象意との区分が理解できていなかったことが容易に想像されます。以上のように、気学では九星の気（エネルギー、作用）と、それによる結果（象意）との間には、人の意識が介在し、それによって現象が成立し、九星のうちのいずれかの象意として、その人に把握されるのです。

区分して説明すれば、

①事々物々（森羅万象）を成り立たせているのは生々の気であり、

②その作用の区別の根本は易の八卦の象で表されている。

③九星の象意はその八卦の象に基づいており、

④眼前の事々物々の象意の成立には、人の意識が介在している。

ということなのです（勿論、その象意の原点は易の卦の正象に依拠していることはいうまでもありません）。

このように、人の意識の介在によって、事々物々は初めて個別具体（事々物々）の象意となるのであり、この象意によって気学の実用性が成り立っているのです。

こうしてみれば、人が事々物々を現象としてとらえる点では、気学が由来する易と酷似していますが、易では様々な気の現象の意味を占者の研ぎ澄まされた感性に頼っているのに対して、気学の場合は、
①易と違って、気学では個々の具体的な状況を九星に区分して九星の気の作用とみる。
②祐気どり、御神砂まきなどによって、気の作用を感応させる（この気との感応という点では、気学が由来する「易」と共通している）ところにある。従って「漫然」と御神砂をまいているだけでは、御神砂の気が祈願の対象になっている気の状態に働きかける（気が感応する）ことは弱く、希望する事象も生じにくい、あるいは事象が起きていても気づかずに見逃してしまう。
という違いがあるのです。

ここで感応ということのわかりやすい例としては、不動産物件に関心のない人にとっては、空き地や空きビルが単なる空き地、空きビルとして現象するのに対して、不動産に関心のある人（売買を意識している人、気がかりになっている人）にとっては、価値を感じる物象、即ち「不動産」として現象する（意識される、気がつく）という例をあげることができます。即ち、この場合に「空き地」や「建築物」がその人にとっては「不動産という八白土

星の象意」になるということなのです。要するに、その人が使う方位に展開する九星の気は、正象として易に定められている気の作用をもととして、様々な事象や物象として現象するエネルギーを内在している、保持しているということです。従って、易の象意から延引して出された気の象意と事々物々とを「自動的に連結する」ということではないのです。くれぐれも、この点を正しく理解しなければなりません。つまり、気学を学ぶ人は、従来の気学のように、象意を漫然と百科事典式にあてはめるのではなく、人の意識が介在することによって、その人にとっての事々物々の現象（象意）となるということを理解し、心がける必要があるのです。ここに象意の真実があるのです。

そこで本書では「象意一覧」というような項目名ではなく、「イメージとしての象意」とすることによって、従来から固定的に受け継がれてきた「象意」の考えを整理しました。まだまだ検討の余地は多々残されていますが、「象意」とは常に易の正象と自己意識の介在のもとに成立するという考えに立ち還るように意図したのです。また、飲食物、植物、動物などは、象意としての項目から削除しました。

これを機会に、気学のＡＢＣとも言うべき象意の意味と意義を問い直し、あわせて「当てもの」のような現在の気学を根本から立て直すことができればと思います。

〔2〕イメージとしての象意

【1】一白水星

◇易：水（☵）

［1］事象

生む、始まり、新規、再生、縁談、交際、情交、親愛、愛情、再婚、復職、部下、交わり、妊娠、病弱、病気全般、貧困、貧乏、夜逃げ、放浪、行方不明、流れる、狡猾、盗難、窃盗、泥棒、強盗、万引、裏切り、邪推、企画、駆け引き、敗北、反乱、気配り、根気、知性、思考、憂い、忍耐、下積み、苦悩、苦労、煩悶、油断、孤独、失恋、秘密、隠匿、謀反、色情、密会、色難、隠れる、隠し事、欠陥、衰弱、陥る、下がる、濡れる、入浴、水泳、水難、洪水、氾濫、水害、沈没、陥没、閑散、暗い、裏面、塩辛い

［2］人象：中男（長男と末男との間の男子）

1．気質

本書15頁　九星と人の気質　を参照

2. 生理

①人体：腎臓、泌尿器、生殖器、肛門、膀胱、下半身、血液、体液、循環器、骨髄、脊髄、耳、鼻孔

②病気：腎臓病、痔疾、性病、婦人病、生理不順、アルコール中毒、ウツ、心身症、冷え性、水腫、吹き出物、耳の病気

3. 職業

学者、研究者、作家、評論家など思想活動などに関わる職業全般、醸造業、漁業、造船業、水運業、水産業、印刷業、染物屋、塗装業、飲料製造業、酒屋、魚屋、豆腐屋、飲食業、水商売、風俗業、釣具屋、クリーニング店、産婦人科医

［3］物象（物品・構造物・場所）

ペン・万年筆・インクなど筆記用具全般。ガソリンなど液体油類。塗料、漆、ニス、ボート・汽船など大小の船舶類。釣り道具、印刷機、ワードプロセッサ、井戸、トイレ、洗面所、風呂場、キッチン、床下、地下、裏口、水門、水路、溝、掘割、穴、海水浴場、温泉場、宴会場、水族館、花柳街、レストラン、バー、スナック、サウ

ナ、水道局、消防施設、プール、水、海、湖、沼、湿地、池、河川、滝

［4］天象

北、仲冬、寒気、冷気、北風、雨、豪雨、雨雲、霖雨、霧、雪、霜、水害、暗夜、闇、午後11時〜午前1時

【旧説】

総象

中男、水、北、冬、黒、交わり、暗、陥いる、考える、悩む、苦しむ、結ぶ、穴、裏、行方不明、恐慌、敗北、引込む、失恋、約束、沈没、没収、怨恨、染まる、流れる、塗る、感涙、失物、下がる、懐妊、縁談成立、再縁、復職、再生、入浴、水泳、投身自殺、泣顔、強情、冷え込み、性病、貧乏、強盗、股、生殖器、腎臓、流産、新取引、閑散、我儘、反対、反抗、合掌、邪推、疑心、油断、色情、夜業、相談、病気、見舞、洗面、洗濯、夜警、絶望、追跡、夜逃げ、寝返、水葬、密会、気抜け、漏れる、手品、捺印、調印、減俸、思案

建物篇

裏門、裏口、寝室、湯殿、流し場、洗面所、便所、天井裏、床下、留守の家、空家、病院、弓場、消防署、水道局、水族館、遊廓、海水浴場、漁場、留置場、牢獄、土牢、井戸、洞穴、穴蔵、落穴、溝、節穴、海中、滝壺、物を埋める所、滝口、岸地、湿地、水田、水源地、堀、窪地、温泉地、斎田、河川、背後（裏）、北、北極、深い所、寒い所、寂しい所、下敷、物の裏面、故郷、実家、本籍地、親元、本家、本宅、物の最下部

事物篇

帯、紐、袴、袈裟、裃、襷、羽織紐、雑巾、黒白の幕、手拭、褌、臼、杵、槍、釣道具、タイプライター、印刷機、筆、ペン、インク、墨、ゴム、蒸気ポンプ、火消壷、染料、ペンキ、漆、ニス、其の他塗料一式、石油、重油、ガソリン、調合酒、人形、死人、幽霊、人影、物影、位牌、石碑、仏像、鎮守神、稲荷神社、蠟燭、精液、精気、北極星

人事篇

哲学者、小説家、思想家、印刷屋、書家、画家、文人、ペンキ塗工、外交員、彫刻師、表具師、湯屋、染物屋、漆塗師、牛乳屋、魚屋、漁師、裸体、病人、盲人、溺死者、淫婦、色情

狂、掏摸、盗賊、空巣狙

飲食篇

栄養素、脂肪分、牛乳、味の素、塩、魚肉、刺身、醤油、塩辛類、冷水、清酒、和洋酒類、飲料水、サイダー、ソーダ水

動物篇

狐、鼠、豚、白熊、鳥、烏賊、なめくじ、みみず、蛍、虫類の卵、横に走る動物

植物篇

檜、寒椿、寒紅梅、藤の花、水仙、福寿草、蘭、蓮華

【2】二黒土星

◇易：地（☷）

［1］事象

致役、勤勉、勤労、忍耐、根気、努力、奉仕、受動性、真面目、従順、従う、世話好き、地味、慎む、育成、養う、寛容、温厚、柔和、貞節、遅い、迷う、怠ける、受容、失う、吝嗇、ケチ、大衆、平凡、古い、旧知、低い、営業、安価、生産

［2］人象：母

1．気質

本書15頁　九星と人の気質　を参照

2．生理

①人体：胃腸、消化器、腹膜、脾臓、腹部、子宮、右手

②病気：腹痛、胃潰瘍、食欲不振、消化不良、胃下垂、胃拡張、胃痙攣、子宮筋腫、子宮内膜症

3．職業

不動産業、リサイクル業、古物商、骨董商、雑穀商、製粉業、土木業、町工場、手

工業、農業、介護士、保育士

［3］**物象（物品・構造物・場所）**

布、寝衣、肌着、座布団、敷物一切、火鉢、灰、木炭、土砂、石灰、セメント、粘土、壁土、陶磁器など土で造った物一切、瓦、レンガ、土管、盆栽、骨董品、古木材、四角い物全般、場末、横丁、集団住宅、平屋、古屋、母屋、寝所、土間、壁、炉、仕事場、物置、倉庫、工場、博物館、グラウンド、大地、平地、原野、平原、野原、公園、空地、埋立地、田畑、農地、農村地、田舎、故郷

［4］**天象**

南西、晩夏・初秋、曇天、霧、霜、午後1時〜午後3時、午後3時〜午後5時

【旧説】

総象

土、南西、母、婆、主婦、迷い、不決断、依頼心、気苦労、物思い、心労、安静、温厚、丁

寧、貞婦、倹約、柔順、従う、受ける、求める、努力、勤勉、労働、引力、下腹部、脾臓、腹膜、貯蔵、養う、古い、安い、就職が出来る、田、畑、宅地、平地、左手、左足、考慮中、怠慢、忠実、相談中

建物篇

土地、国土、地球、平地、野原、公園地、野球場、城址、山の中腹、林、田畑地、農村、田舎、田舎町、場末の地、埋立地、生れた土地、故郷、本籍地、平塚、古家、母家、農家、寝所、小路、横丁、袋戸棚、暗い所、仕事場、物置、小舎、炉工場、質店、米倉、雑穀倉、器具家具倉、セメント、石灰、貝灰等の倉、金銀財宝の倉、物置場、博物館、土窟、土牢、貧民窟、産業組合、米穀取引所

事物篇

木綿織物一式、下等織物一式、中古和洋服一切、寝衣、長襦袢、肌着、敷布、畳、茣座（其他敷物類一切）、米櫃、木炭、炭団、土地、土砂、石灰、セメント、粘土、瓦、練瓦、土管、陶磁器、土で作ったもの一切、盆栽、骨董品、雨傘、黒板、枕木、古材木

人事篇

皇后、妃、女官、婦人、母、妻、老母、副社長、姪、内務大臣、副官、次官、助役、地蔵様、大黒様、次席、従者、生徒、民衆、農夫、貧困者、職工、労働者、下駄屋、蒲団屋、古本屋、再製品屋、古着商人

飲食篇

玄米、白米、大麦、小麦、大豆、小豆、麩、黍、粟、煮豆、ビスケット、飯、餅類一切、センベイ、カステラ、パン、羊肉、豚肉、蒲焼、竹輪、甘藷、馬鈴藷、甘味、砂糖

動物篇

牝馬、牝牛、山羊、猿、蟻

植物篇

樹幹、黒柿、なづな、苔、蕨

【3】三碧木星

◇易：雷（☳）

［1］事象

活発、快活、明朗、明解、成長、伸びる、向上心、驚愕、飛躍、昇る、進む、進展、進出、発展、発育、拡張、表現、決断、新規、新鮮、開業、事業、独立、繁盛、就職、新製品、企画、発明、発見、発覚、表面化、現れる、顕現、露見、明瞭、宣伝、広告、競争、論争、説教、喧嘩、賑やか、軽率、焦り、動揺、不満、音、音楽、放送、講演、伝言、冗談、ウソ、振動、震動、電気、感電、漏電、電波、インターネット

［2］人象：長男

1．気質

本書16頁　九星と人の気質　を参照

2. 生理
①人体：肝臓、足、筋、声帯
②病気：肝臓病、百日咳、気管支障害、痙攣、神経痛、脚気、打身

3. 職業
電力関係業者、電信・インターネット関係の業務一切、楽器関係業務、音楽家、アナウンサー、記者、広告業、クリエーター、デザイナー

[3] 物象（物品・構造物・場所）
楽器一切、携帯電話（スマートフォン）、電気器具、火薬類、銃器一切、新築の家、新規開業の店、コンサートホール、講演会場、放送局、広告代理店、電話局、発電所、楽器店、電気店、森林、農園、春の田畑、春の庭園、震源地、新開地

[4] 天象
東、仲春、雷鳴、驟雨、雷雨、稲妻、晴天、地震、噴火、午前5時～午前7時

【旧説】

総象

長男、若男、発芽、進む、東、春、青、雷、声、音、現れる、講演、説教、読経、伝令、学生、壮士、生意気、肝臓、咽喉、喘息、脚気、懸引、詐欺、驚き、立腹、短気、動く、爆発、火災、漏電、感電、騒ぎ、失言、昇る、伝達、電報、拍手、喝采、口笛、音聲、喧嘩、質問、呼出

建物篇

戦地、震源地、火薬庫、射的場、森林、生垣、並木、春の田畑、春の庭園、原野、青物市場、植木売場、発電所、門戸、電話局、演奏会々場、講演席、八百屋、出入口

事物篇

雷、火車、海嘯、電話、速達、機関銃、水雷、喇叭、講演会、吃音、ラジオ、電気、電燈、地震、ピアノ、琵琶、太鼓、つづみ、蓄音器、聴音器、三味線、木魚、読経、柏手木、番木、笛の類、聴診器、レコード、花火、ダイナマイト、ピストル、大砲、小銃、火薬、爆発物等

人事篇

長男、青年、電信技師、ラジオ商、アナウンサー、詐欺者、嘘言者、伝言者、学生、音曲指南者、音楽隊、歌手、噺家、浪曲師、生糸商、庭師、植木屋、青物商、聾者、唖者、電話売買商

飲食篇

若芽、野菜類、海草類、茶、梅干、酸味、寿司、酢の物、レモン

動物篇

鶯、雲雀、目白、鈴虫、松虫、蛙、兎、龍

植物篇

盆栽、植木、草木、野菜、海草、茶、薬草

【4】四緑木星

◇易：風（☴）

［1］事象

成長、整う、調う、整理、信用、営業、外交、仲介、取引、売買、宣伝、広告、マスメディア、利益、依頼、外出、出張、旅行、遠方、縁談、結婚、就職、世間、訪問、温和、温順、長期、長い、進退、反復、往来、迷い、優柔不断、行違い、道草、依頼、通勤、交通、メール、SNS、遅延、来訪、伝達、連絡、伝染、拡散、潜伏、伏入

［2］人象：長女

1. 気質

本書16頁　九星と人の気質　を参照

2. 生理

①人体：呼吸器、食道、腸全般、左手
②病気：風邪、インフルエンザ、気管支炎、喘息、神経炎、神経麻痺、動脈硬化

3．職業

貿易商、運輸業、船舶業、建築業、繊維業、木材業、製紙業、出版業、広告宣伝業、コンサルタント、カウンセラー、アパレル業

［3］**物象（物品・構造物・場所）**

扇子、エアコン、扇風機、郵便物、鉛筆、木材、道路、公園、駅、空港、郵便局、取引所、旅行案内所、結婚相談所、玄関、出入口

［4］**天象**

東南、晩春・初夏、風、午前7時〜午前9時、午前9時〜午前11時

【旧説】

総象
長女、風、東南、遠方、整理、信用、縁談、精神、旅行、世話、通知、宣伝、交渉、結婚、頭髪、神経質、迷い、鳥、公難、売買、斉う、評判、召使、部下、恋愛、行き違い、考え違い、音信、報告、誤解、出かける所、物品往来

建物篇
道路、軌道、切通道、材木置場、鳥屋、呉服店、飛行場、郵便局、洋服屋、糸屋、蕎麦屋、竹屋

事物篇
（すべて長い物）（風）建具一式、電信電話の線、針金、電柱、帯、紐、レール、風船、木刀、敷居、屏風、下駄、草履、糸類、手袋、籐椅子、積木細工、フイゴ、箸、簾、行李、木製品、垣根、提灯、笛、縄類、扇風機、扇子、団扇、軽気球、凧、風、煙、羽、香具一式、線香、手紙、葉書、天幕、筆、刷毛、和傘、釣竿、旗

人事篇

長女、髪結、蕎麦屋、大工、呉服屋、糸屋、指物師、材木商、行商人、綿糸商、運送屋、案内人、仲介人、飛行家、紙屋、勤人、花嫁

飲食篇

うどん、そば、麺類、大根繊維類、獣肉及魚肉、燻製品、芋

動物篇

蛇及び総ての長虫類、蝶、蜻蛉、蜂、鳥類

植物篇

杉、松、栗、蘭、百合、バラ、朝顔、蔓、夕顔、南瓜

【5】五黄土星

◇易：ナシ

［1］事象

エネルギー、生滅作用、激変、万能感、唯我独尊、無限の欲望、執念、支配、権威、破壊、中央、支える、解体、崩壊、大事件・事故、生成、盛衰、強欲、強情、強引、天変地異、災害、火災、被害、爆発、全滅、消滅、破産、戦争、騒乱、暴動、反乱、反逆、暴力、殺傷、殺害、死亡、残忍、殺気、パニック、腐敗、汚物、毒、中毒、悪、汚職

［2］人象：ナシ

1. 気質

本書17頁　九星と人の気質　を参照

2. 生理

①人体：消化器・内臓全般
②病気：高熱病、癌、潰瘍、腫瘍、黄疸、便秘、下痢

3．職業
政治家、実業家、会社役員、不動産業、解体業、リサイクル業、葬儀社、ローン会社、清掃業、廃棄物処理業

［3］**物象（物品・構造物・場所）**
骨董品、掘り出し物、豪華品、キズ物、廃品、壊れた物、壊れた建造物、粗悪品、不要品、古着、古道具、売れ残り品、腐った物、廃屋、廃棄物、火葬場、墓地、荒地、焼け跡、災害現場、汚物処理場、ゴミ集積場、トイレ、汚れた場所、中央、中心部

［4］**天象**
暴風雨、大地震、噴火、台風、水害、洪水、津波などの大規模自然災害、冷害、寒波、四季の土用

【旧説】

総象

古い、中央、反逆、殺害、惨虐、惨忍、殺意、強奪、強欲、廃物、恐怖、渋滞、腐敗、絶望、破産、失業、失職、脅迫、暴行、偽造、毒殺、葬式、無理心中、名誉毀損、停頓、病死、散財、不結果、金融途絶、古い病の再発、交渉事不結果

建物篇

塵芥処分所、塵溜、火事場跡、戦場の跡、火葬場、墓場、死刑場、暗き所、汚き所、屠殺所、惨忍行為の行われた所、日蔭の地、陰鬱の地、未開の地、荒地、埋立地

事物篇

毀れたもの、腐った物、荒廃した家屋、古着、古道具、無住の寺院、不用品、廃物、家伝宝物、遺書、棚晒品、売れ残り品、キズ物、錆びた物、其の他総じて役に立たない品物

人事篇

老人、先達、元老、悪漢、暴力団、横領人、強盗、殺人犯、死者、死刑囚、自殺者、惨死者、変死者、屠殺場の人、屑屋、古物商、下水掃除人、肥料商、汚物汲取人、邪魔者、出戻女、乞食、浮浪者、高利貸、強請人

飲食篇

香りも味もない物、精分も滋養分もない物、古い物、黴びた物、臭気を放つ物、納豆、売れ残り物、食い余り物、味噌、酒の粕、出し殻、腐った物

動物篇

南京虫、油虫、蚤、虱、蝿、蚊、毛虫、蟷螂

植物篇

毒草

【6】六白金星

◇易：天（☰）

［1］事象

完全、完成、公正、雄大、広大、過大、完備、老成、堅固、頑固、剛健、威厳、権力、高位、高級、目上、決断、率先、多忙、充実、充足、高慢、慢心、冷静、充満、資質、資本、財産、寄付、施し、引き立て、援助、相場、投資、投機、勝負事、監督、統率、公共、官庁、警察、交通、乗り物、機械、戦争、神仏、宇宙、丸い、球状、球体

［2］人象：父

1．気質

本書17頁　九星と人の気質　を参照

2．生理

①人体：心臓、血圧、頭部、右足
②病気：狭心症、心筋梗塞、心不全、心筋症、弁膜症、不整脈、高血圧

3．職業

官吏、政治家、弁護士、法律家、検事、判事、裁判官、警察官、ガードマン、公務員、会計士、銀行員、貴金属商、ローン会社、保険業、トレーダー、自動車などの交通関係全般、整備士、運転手、機械工、エンジニア、神主、僧侶

［3］**物象（物品・構造物・場所）**

自動車、時計、モーター、パーソナルコンピューター、手形、小切手、株券、債券、神棚、仏壇、帽子、手袋、傘、風呂敷、議事堂、官公庁、公会堂、劇場、アリーナ、運動場、学校、税務署、倉庫、神社、仏閣、教会、高層ビル、タワー、高級地、表通り、首都、天空

［4］**天象**

西北、晩秋・初冬、太陽、晴天、青空、午後7時～午後9時、午後9時～午後11時

【旧説】

総象

天、父、西北、充実、完全、上等、高級、上品、動く、健やか、施す、戦う、乾く、強硬、堅固、円い、車輪、車、寄付、供養、時計、多忙、戦争、喧嘩、世話事、散財事、競馬、競輪、麻雀、将棋、囲碁、高慢な態度、特許権

建物篇

宮城、御殿、神社仏閣、首府、首都、官庁、本店、学校、中心地、大通り、教会堂、鐘楼、貴族院、衆議院、保安隊、ビルヂング、取引所、市場、武器庫、兵営、運動場、競技場、撞球場、集会所、展覧会、博物館、劇場、都市、雑踏の地、繁華な所、海洋、名所旧蹟、御陵墓地、塀、山岳、高台の地、山の手、垣囲い、戸袋、金庫、広場、競馬場、発電所、鉱山、高山、保塁、道場、野球場、試験場、税務署、内閣、大蔵省、司法省、警視庁

事物篇

種子、軍隊、珊瑚、真珠、金剛石、金、銀、硝子、鉱石、刃、弾丸、球、電球、銀貨、金貨、

銅貨、時計、指輪、首飾、帽子、円き物、仏壇、神棚、仏像、神器、珠数、御礼、太陽、天、モーター、角刀、汽車、電車、自動車、オートバイ、自転車、蓋、車輪、団体、問屋、ミシン機械、水車、衣類、風呂敷、包、羽織、外套、頭巾、傘、手袋、足袋、靴下、缶詰

人事篇

天皇、聖人、賢人、高貴の人、華族、軍人、各大臣、社長、団長、管長、資本家、主人、僧侶、守衛、易者、先生、祖先、神官、牧師、巡査、産婆、妊婦、校長、試験官、官吏、税官吏、検札係、覆面の人、大統領

飲食篇

玉子、メロン、西瓜、マクワ瓜、瓜類、梨、リンゴ、バナナ、みかん、栗、(果物類)、氷、アイスクリーム、氷砂糖、柏餅、おはぎ、安倍川餅、饅頭、餡ころ餅、カステラ、(紙及銀紙に包んだ菓子)、鰹節、落花生、精進揚、稲荷鮨、海苔巻、上等の食物

動物篇

龍、大蛇、象、獅子、鶴、鳳凰、大牡馬、虫の脱殻

植物篇

薬草、果樹、菊、神木

【7】七赤金星

◇易：沢（☱）

［1］事象

悦ぶ、歓喜、愛嬌、恋愛、結婚式、酒宴、飲食、飲酒、酒色、食物、快楽、道楽、娯楽、趣味、社交、接客、誘惑、色情、会話、口論、雄弁、気の緩み、休息、実り、不足、不十分、不満、消極、刃物、金銭、現金、借金

［2］人象：少女（末の女子）

1．気質

本書18頁　九星と人の気質　を参照

2. 生理

①人体：口、口中、歯、咽喉、呼吸器、肺

②病気：むし歯、歯周病、口内炎、嚥下障害、肺炎、肺結核

3. 職業

外科医、歯医者、弁護士、食品業、製菓業、飲食業、サービス業、金融業、質屋、玩具商、タレント、コメディアン

［3］物象（物品・構造物・場所）

金物、医療機械、刃物、刀剣、楽器、結婚式場、料亭、食堂、レストラン、バー、テーマパーク、遊園地、沢、沼、湖、池、谷、窪地、低地、堀、貯水池、溝

［4］天象

西、仲秋、午後5時～午後7時

【旧説】

総象

少女、澤、西、秋、悦ぶ、金銭、口、酒宴、口論、結婚式、甘言、笑う、祝典、祝賀会、不足、不充分、不注意、欠陥、手落、集る、隠れ場所、補装工事、造作工事、婦女に戯れる、皮肉の言動、苦情、陰気な場所、食事の最中、遊興中、谷間

建物篇

澤、窪地、沼澤地、盆地、低地、堀穴、スケート場、断層、山崩れ、崖崩れ、塹壕、石垣、淵、水溜り、溜池、堀川、川端、浅い海、井戸、養鶏場、鶏小屋、遊興場、遊廓、花柳界、カフェー、喫茶店、甘酒屋、飲食店、遊園地、ミルクホール、貯蔵庫、パチンコ屋、溝

事物篇

金物、刃物、楽器、釣鑵、鈴、借金、財宝、金融業、無尽、銀行、紙幣、質屋、兌換券、遊芸（清元、長唄、義太夫）、釜、アイロン、薬鑵、茶湯、茶器、玩具、食料品、支那料理、食堂、醤油、芝居、御馳走、かるた、傳記、記念品、床之間置物、歴史、金魚、麻雀、コテ、

鉋、冷蔵庫

人事篇

少女、歌伎、芸人、芸者、女給、酌婦、不良少女、喫茶店主、金融業者、歯医者、弁護士、七福神、講演者、遊芸人、三味線師、通訳人、舞子、説明人、銀行員

飲食篇

鳥肉、鳥肉スープ、親子丼、汁粉、甘味、甘茶、コーヒー、紅茶、餡類、餅菓子

動物篇

羊、猿、鶏

植物篇

桔梗、尾花、萩、月見草

【8】八白土星

◇易：山（☶）

［1］事象

相続、阻止、急変、変化、変更、革命、変革、改革、復活、境界、貯蓄、満期、強欲、強情、頑固、頑迷、固執、保守、傲慢、継続、終始、終点、停止、中止、終了、不通、閉塞、閉鎖、不動、固定、停滞、宿泊、停泊、出直す、肥満

［2］人象：少男（末の男子）

1．気質

本書18頁　九星と人の気質　を参照

2．生理

①人体：関節、筋肉、鼻、手、指、背、腰、左足

②病気：蓄膿症、肩凝り、腰痛、リウマチ、瘤、骨折、メタボリックシンドローム

3. 職業

不動産業、貸しビル業、旅館業、マンション経営、アパート経営、倉庫業、建築業、建材業

［3］物象（物品・構造物・場所）

貸家、別荘、納戸、重箱、机、椅子、定期預金、貯金、ホテル、宿泊所、マンション、アパート、家屋、倉庫、物置、玄関、階段、石垣、デパート、ショッピングモール、スーパー、高地、台地

［4］天象

北東、晩冬・初春、立春、土用、曇天、午前1時〜午前3時、午前3時〜午前5時

【旧説】

総象

山、東北、小男、知己、親戚、家郷、相続、節、曲り角、継ぎ目、始終、変り目、変化、止

める、終点、断絶、打切る、停止、中止、満期、完了、閉店、廃業、戻す、返す、全滅、終り、始め、開業、開始、復活、再起、出発、取次、連結、売買、両替、思案中、方針未定、終りの意、始まりの意

建物篇

家屋、倉庫、物置、小舎、旅館、船宿所、宿泊所、休憩所、停車場、駐車場、高台、山、土手、堤防、築山、石垣、石段、門、木戸、出入口、玄関、階段、突当たりの家、行き止りの家、トンネル、交叉点、貸家、建て直した家、角、継木、山林、岡、橋、関門、官舎、ホテル、アパート、障子、物と物の間、合せ目、組合せた所

事物篇

継ぎ合わせた物、階段、岩石、椅子、積木細工、煙突、家具、障子、畳、下駄箱、鞄、トランク、硯箱、長持、定期預金、貯蓄預金、腰掛、テーブル、屏風、衝立、綿入れ

人事篇

小男、肉屋、肥満した人、強欲の人、山中の人、山寺の僧、山伏、踏切番人、土木請負人、

売買周旋人、相続人、後任者、小僧、末子、不動様

飲食篇

牛肉、牛肉で作った料理、数の子、魚の卵、骨皮のない肉類、だんご、最中

動物篇

牛、虎、鹿、山鳥、鶴、鷺、足の長い鳥類

植物篇

芹、筍、茸類、馬鈴藷、山芋、甘藷

【9】九紫火星

◇易：火（☲）

［1］事象

太陽、光熱、光、陽光、光明、明るさ、火災、燃焼、照明、栄光、名誉、名声、見栄、虚栄、最高、高位、上位、中間、先見、発見、露見、顕現、照らし出す、明白、明快、現像、決断、勘、知性、知識、学問、勉学、研究、美術、鑑識、文明、信仰、訴訟、裁判、対立、分裂、分離、脱退、除名、離別、離婚、別居、生死別、再会、離合集散、栄転、美、華美、装飾、派手

［2］人象：中女（長女と少女との間の女子）

1. 気質

本書18頁　九星と人の気質　を参照

2. 生理

①人体：脳、精神、眼、耳、血液

②病気：頭痛、脳溢血、中風、火傷、発熱、日射病、耳痛、近視、乱視、色弱、精神障害

3. 職業

評論家、ジャーナリスト、裁判官、判事、弁護士、公務員、警察官、教員、インストラクター、医師、薬剤師、看護師、検査員、会計士、易占業、鑑定家、著述家、新聞記者、文筆業、ブロガー、出版業、書籍業、宣伝広告業、芸術家、工芸家、美容師、理髪師、俳優、眼鏡屋

［3］物象（物品・構造物・場所）

証書、契約書、印鑑、設計図、地図、免状、名刺、新聞、雑誌、掲示板、表札、バッジ、眼鏡、礼服、装身具、カメラ、神仏具、コピー機、電灯、ネオン、裁判所、諸官庁、国会、警察署、税務署、学校、試験場、鑑定所、図書館、美術館、博覧会場、劇場、映画館、写真館、スタジオ、宴会場、病院、書店

［4］天象

南、仲夏、太陽、晴天、暑気、暑い日、午前11時〜午後1時

【旧説】

総象

中年女、火、南、夏、赤、熱、明、太陽、離別、精神、光明、感情、燈明、光線、輝く、権利、義務、露見、発覚、発明、生死、死別、切断、手術、分離、切腹、隔たる、脱退、辞職、立腹、破壊、諒解、拡がる、解決、華美、装飾、色彩、奉祝、披露、鑑識、信念、火災、見物、診察、鑑定、参詣

建物篇

裁判所、警察署、交番、駐在所、検査場、信号所、見張所、燈台、消防署、試験所、議事堂、書籍文具店、百貨店、公設市場、小間物店、雑貨店、化粧品店、理髪店、美容院、装身具店、ダンスホール、劇場、映画館、図書館、博物館、学校、役場、社殿、教会堂、祈祷所、競馬場、賭博場、選挙場、籤引所、宴会場、火事場、華美繁昌の地、華美な場所、芸者見番、五十塔、病院、医者、音楽会、音楽学校

事物篇

株券、公債、社債、印形、商品券、定期券、ガソリン、薬品、雑誌、書籍、絵巻物、地図、文房具、教科書、免状、名刺、表札、経文、国旗、錦旗、信号旗、錦絵、装飾品、勲章、拝殿、五重塔、鳥居、城、御殿、宮城、金像、木像、石像、燈明、神仏具一式、香水、ペンキ、写真、広告、化粧品、櫛、ネオンサイン、看板、鉛筆、万年筆、剃刀、刀、マッチ、新聞、眼鏡、ライター、望遠鏡、額、画、花、絵具、毛皮、株式会社、火災保険、離縁状

人事篇

智者、学者、医者、鑑定者、監視、裁判官、薬剤師、試験官、眼科医、美容師、理髪師、警察官、官吏、選手、新聞記者、紳士、美人、俳優、ダンサー、芸者、看護婦、易者、放火狂、消防夫、薬師様

飲食篇

海苔、貝類、色彩の美しい食料品、ソース、カレー粉、寒天、鰻、麦酒、洋食、サンドイッチ、ラード、フキ、葱、玉葱、メロン、山葵、胡椒、乾物油

動物篇

馬、七面鳥、孔雀、鳳凰、雉、金魚、蛤、亀

植物篇

牡丹、孔雀草、紫蘇、南天、楠、榊

付録　気学主要図表

〈解説〉花澤瑛象

［1］年盤一覧
［2］月盤一覧
［3］九星・五行・干支・四季対応図
［4］本命星早見表

【1】年盤一覧

年盤表

昭和七年 申 寅方破	八年 酉 卯方破	九年 戌 辰方破	十年 亥 巳方破
十六年 巳 亥方破	十七年 午 子方破	十八年 未 丑方破	十九年 申 寅方破
二十五年 寅 申方破	二十六年 卯 酉方破	二十七年 辰 戌方破	二十八年 巳 亥方破
三十四年 亥 巳方破	三十五年 子 午方破	三十六年 丑 未方破	三十七年 寅 申方破
四十三年 申 寅方破	四十四年 酉 卯方破	四十五年 戌 辰方破	四十六年 亥 巳方破
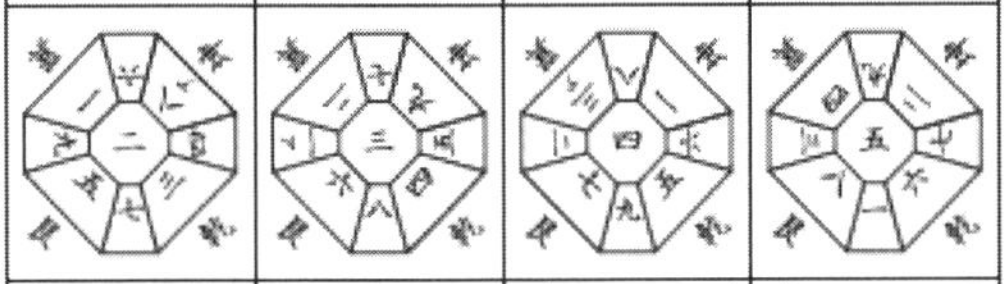			
五十二年 巳 亥方破	五十三年 午 子方破	五十四年 未 丑方破	五十五年 申 寅方破
六十一年 寅 申方破	六十二年 卯 酉方破	六十三年 辰 戌方破	六十四年 平成元年 巳 亥方破
七年 亥 巳方破	八年 子 午方破	九年 丑 未方破	十年 寅 申方破
十六年 申 寅方破	十七年 酉 卯方破	十八年 戌 辰方破	十九年 亥 巳方破
二十五年 巳 亥方破	二十六年 午 子方破	二十七年 未 丑方破	二十八年 申 寅方破
四年 寅 申方破	五年 卯 酉方破	六年 辰 戌方破	七年 巳 亥方破

『氣學明鑒』より

十五年 辰 戌方破	十四年 卯 酉方破	十三年 寅 申方破	十二年 丑 未方破	十一年 子 午方破
二十四年 丑 未方破	二十三年 子 午方破	二十二年 亥 巳方破	二十一年 戌 辰方破	二十年 酉 卯方破
三十三年 戌 辰方破	三十二年 酉 卯方破	三十一年 申 寅方破	三十年 未 丑方破	二十九年 午 子方破
四十二年 未 丑方破	四十一年 午 子方破	四十年 巳 亥方破	三十九年 辰 戌方破	三十八年 卯 酉方破
五十一年 辰 戌方破	五十年 卯 酉方破	四十九年 寅 申方破	四十八年 丑 未方破	四十七年 子 午方破
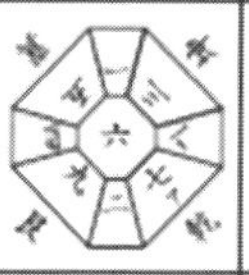	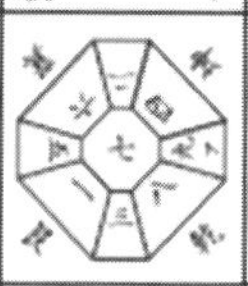	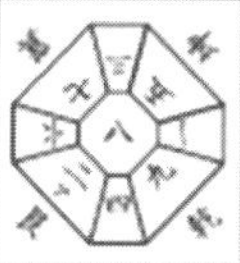	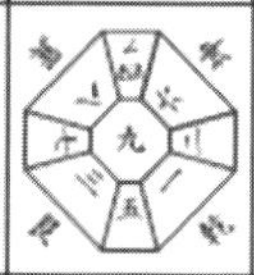	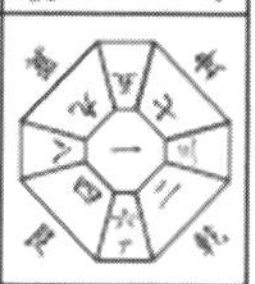
六十年 丑 未方破	五十九年 子 午方破	五十八年 亥 巳方破	五十七年 戌 辰方破	五十六年 酉 卯方破
六年 戌 辰方破	五年 酉 卯方破	四年 申 寅方破	三年 未 丑方破	二年 午 子方破
十五年 未 丑方破	十四年 午 子方破	十三年 巳 亥方破	十二年 辰 戌方破	十一年 卯 酉方破
二十四年 辰 戌方破	二十三年 卯 酉方破	二十二年 寅 申方破	二十一年 丑 未方破	二十年 子 午方破
三年 丑 未方破	二年 子 午方破	三十一年 令和元年 亥 巳方破	三十年 戌 辰方破	二十九年 酉 卯方破
十二年 戌 辰方破	十一年 酉 卯方破	十年 申 寅方破	九年 未 丑方破	八年 午 子方破

［年盤表の解説］

この年盤表は、昭和7年から令和12年までが掲載されています。構成としては縦列が六段目の年盤表を含んで十二段で、横に右端の列から左端へ五黄土星中宮の年盤から降順に四緑木星中宮、三碧木星中宮へと進んでいく配置になっております。

例えば、最上段の右端の四角には、申という文字が中央にあり、申の左右に昭和7年と寅方破と書かれています。またその列の六段目には、その列に共通の九星を中宮にした年盤が掲載されています。そこでまず、最初に六段目の盤の中宮を見れば、その列は縦すべて同じ九星が中宮の年ということを簡単に知ることができます。従って昭和7年は、申年の五黄土星中宮の年で、歳破は寅の方位となります。その下の段は巳という文字が中央にあり16年、亥方破と書かれているように、九年後の昭和16年には、同じく五黄土星中宮の年で、その年は巳年であるから、歳破は亥の方位ということがわかります。

また、昭和7年の翌年は、先ほどの申（昭和7年）の左隣の酉とあり、八年卯方破とあり、六段目の年盤を見ると中宮が四緑木星ですから昭和8年は酉四緑木星の年で、歳破は卯の方位ということがわかります。

以上がこの年盤表の観方ですが、この盤が、まさにそれぞれの年に生まれた人の本命盤ということでもあります。

注意点としては、気学での年の九星は毎年、立春の日をもって新しく代わりますから、2月が誕生日の人は、この点を注意してください。

〔2〕月盤一覧

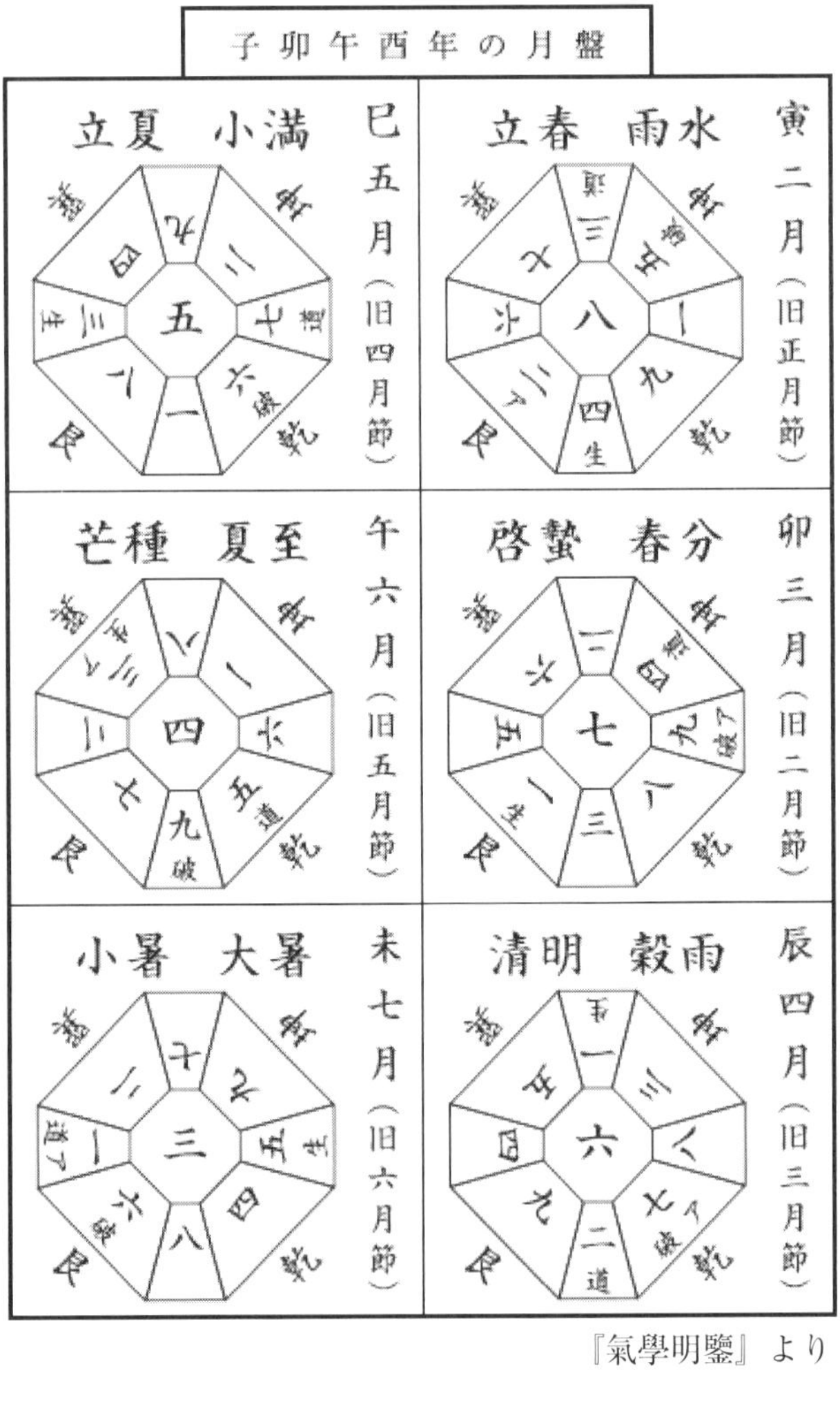

『氣學明鑒』より

一(1.6)　四(3.8)　七(4.9)

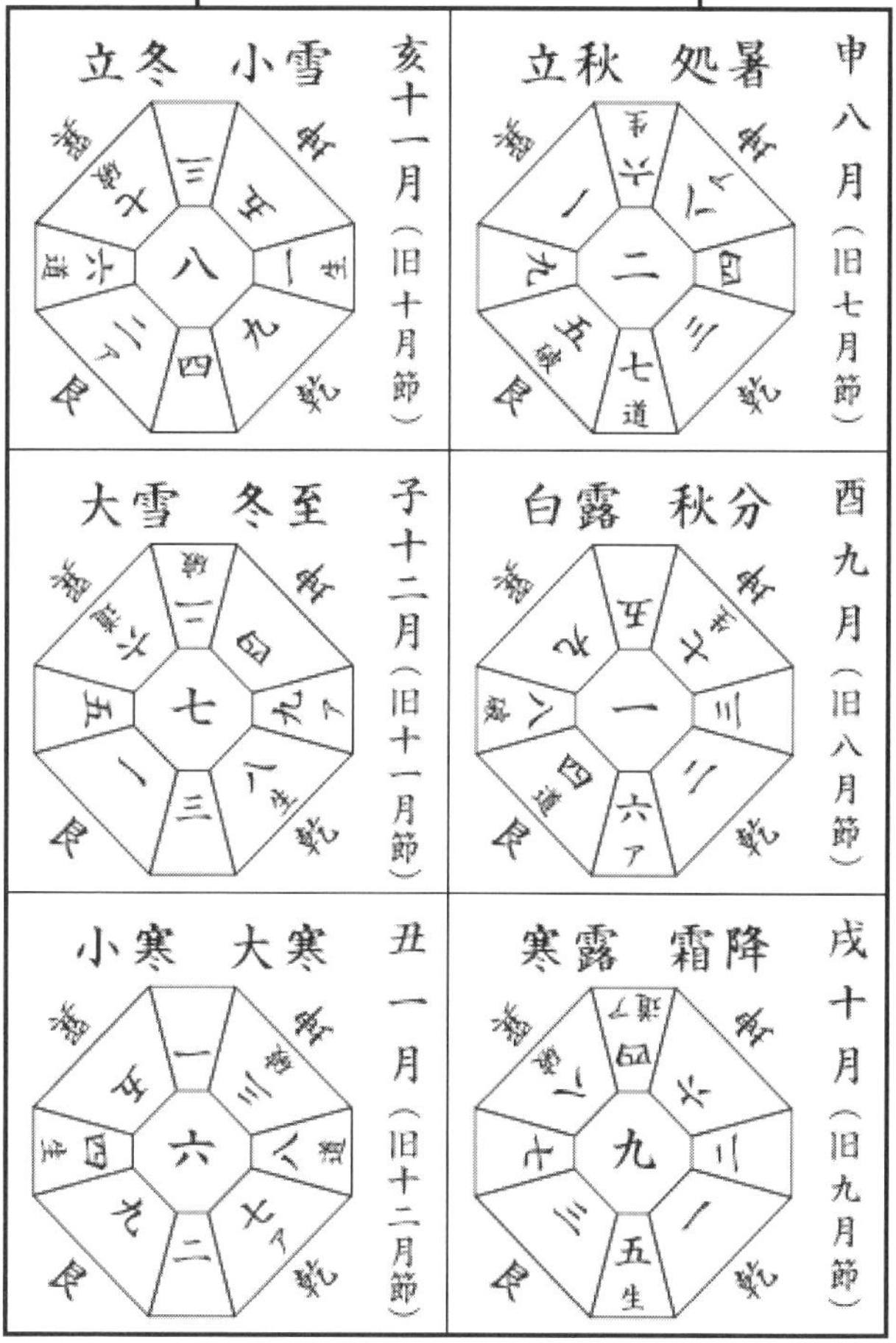
申八月(旧七月節)
立秋　処暑
亥十一月(旧十月節)
立冬　小雪
酉九月(旧八月節)
白露　秋分
子十二月(旧十一月節)
大雪　冬至
戌十月(旧九月節)
寒露　霜降
丑一月(旧十二月節)
小寒　大寒

丑辰未戌年の月盤

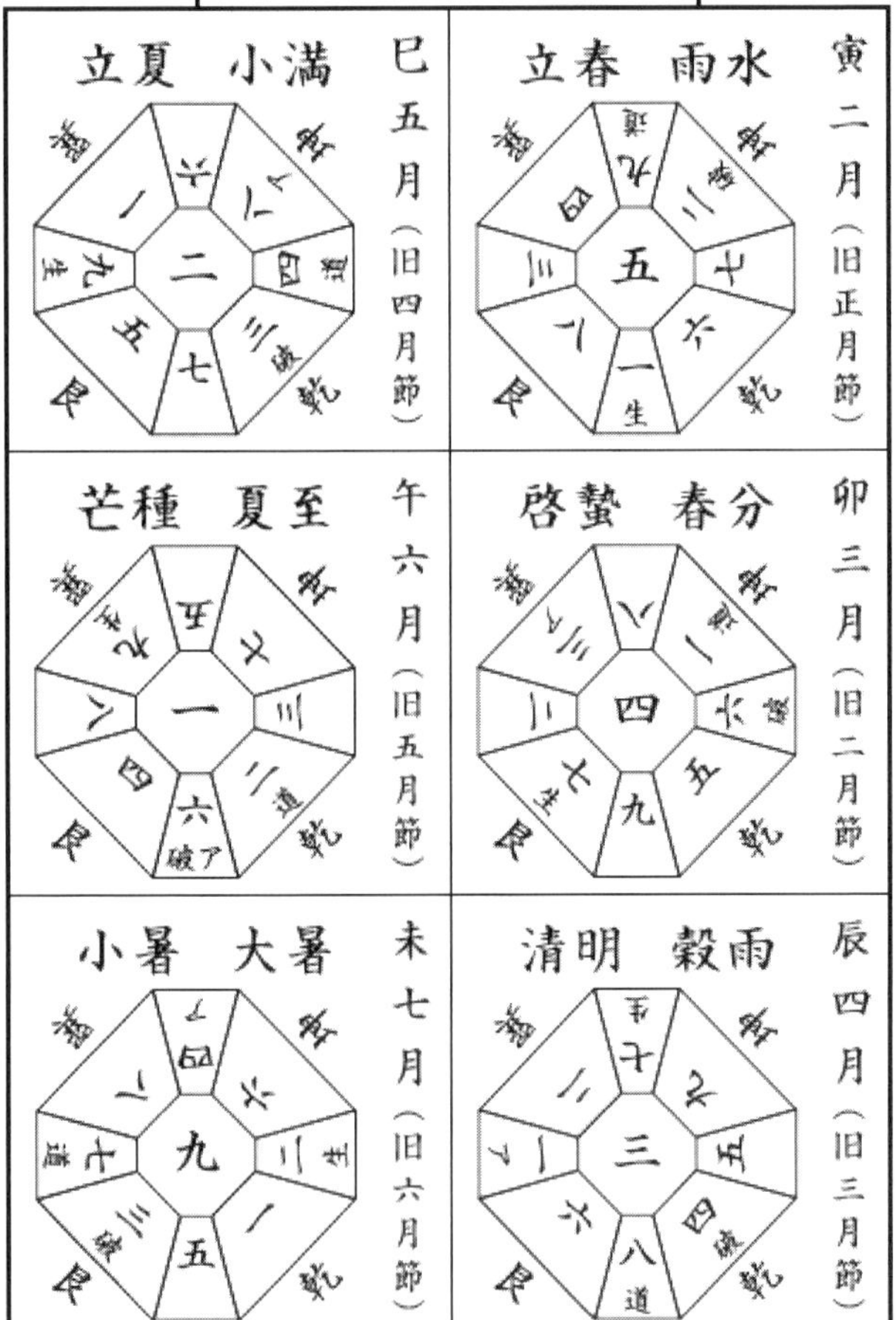
寅 二月（旧正月節）
立春　雨水
五
巳 五月（旧四月節）
立夏　小満
二
卯 三月（旧二月節）
啓蟄　春分
四
午 六月（旧五月節）
芒種　夏至
一
辰 四月（旧三月節）
清明　穀雨
三
未 七月（旧六月節）
小暑　大暑
九

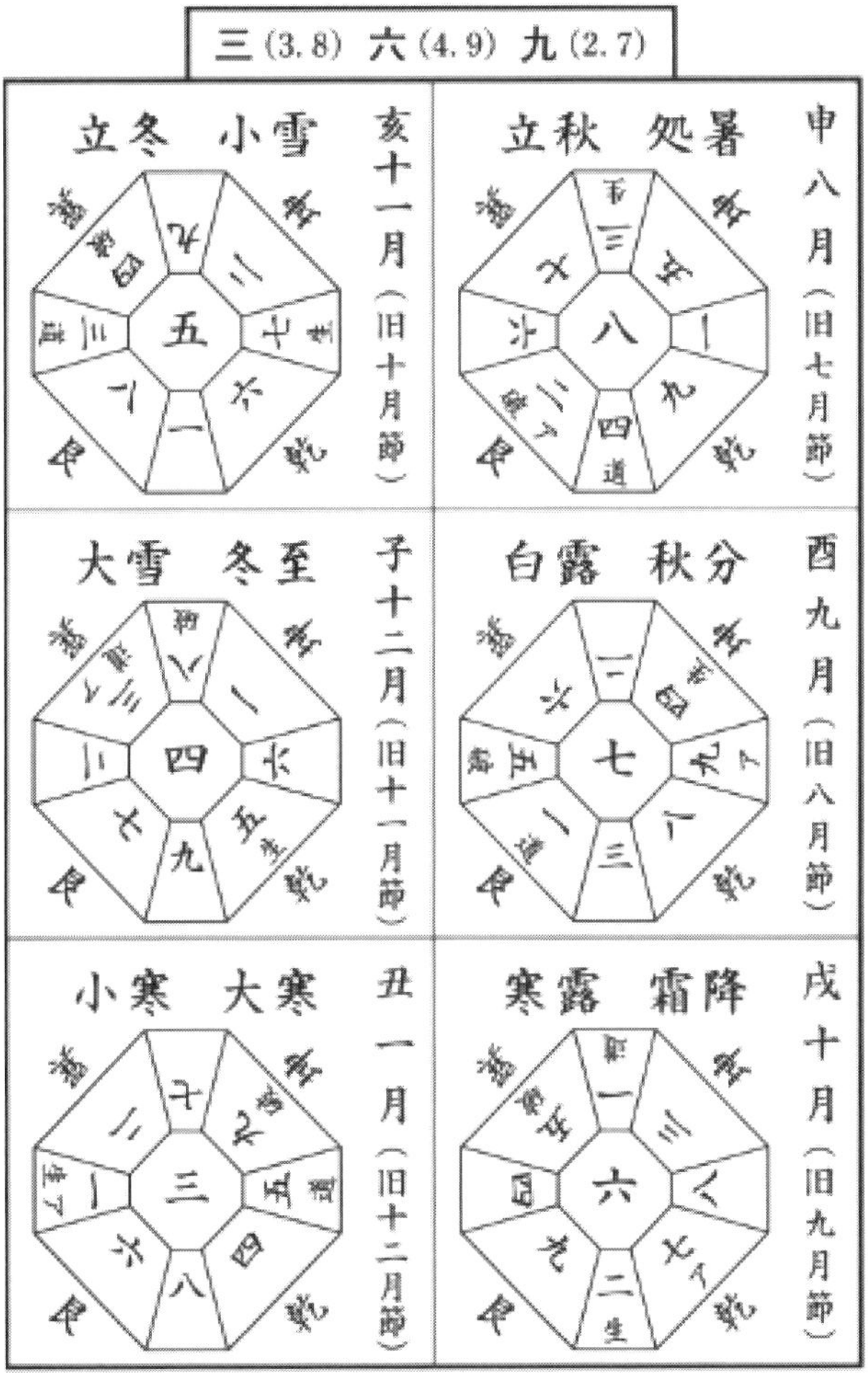
三(3.8) 六(4.9) 九(2.7)
申 八月（旧七月節）
立秋 処暑
八
亥 十一月（旧十月節）
立冬 小雪
五
酉 九月（旧八月節）
白露 秋分
七
子 十二月（旧十一月節）
大雪 冬至
四
戌 十月（旧九月節）
寒露 霜降
六
丑 一月（旧十二月節）
小寒 大寒
三

寅巳申亥年の月盤

寅 二月（旧正月節）

立春 雨水

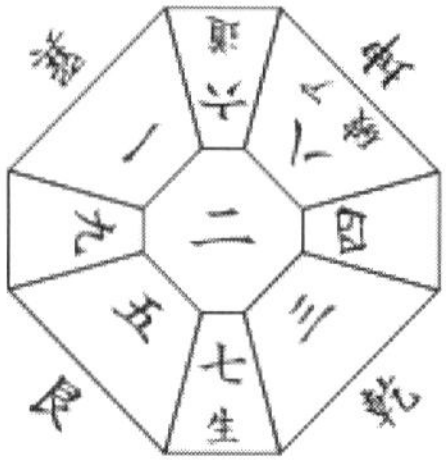

卯 三月（旧二月節）

啓蟄 春分

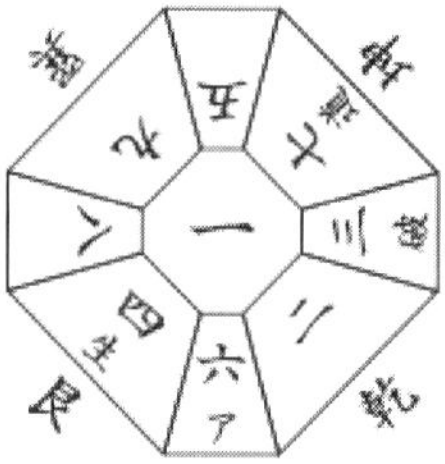

辰 四月（旧三月節）

清明 穀雨

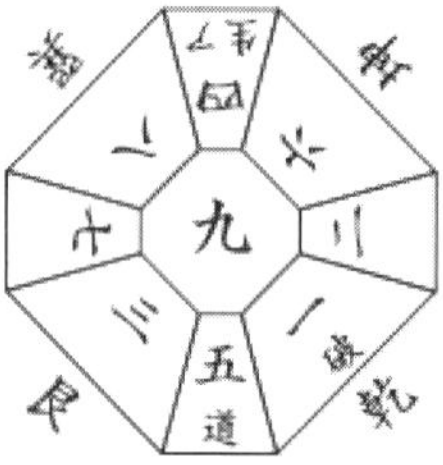

巳 五月（旧四月節）

立夏 小満

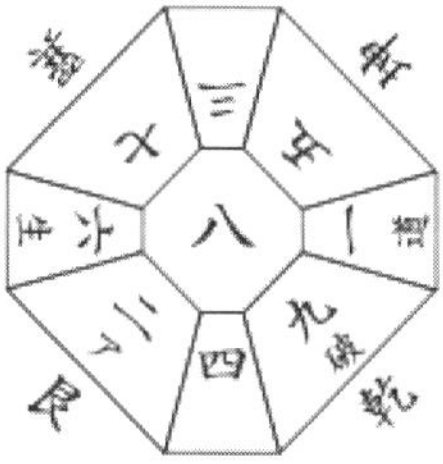

午 六月（旧五月節）

芒種 夏至

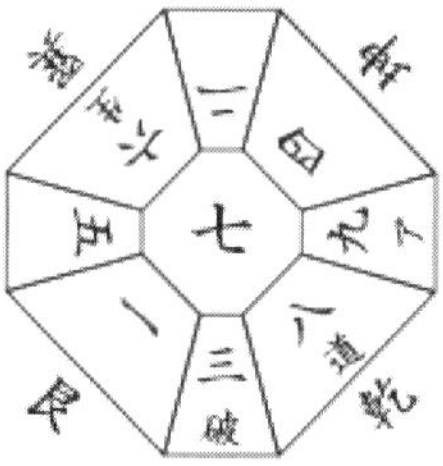

未 七月（旧六月節）

小暑 大暑

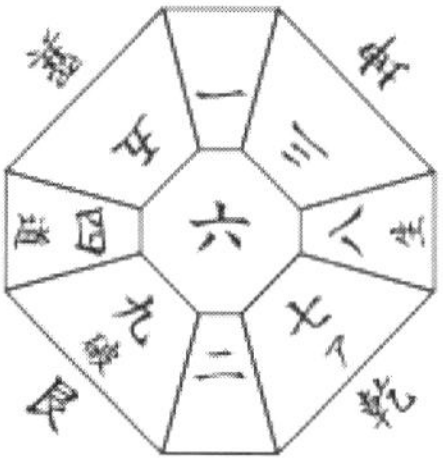

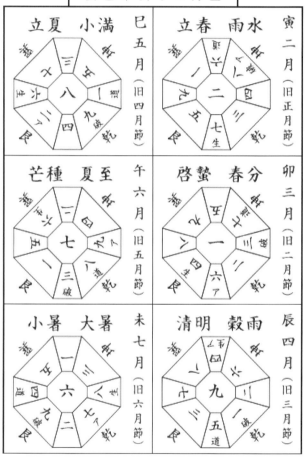

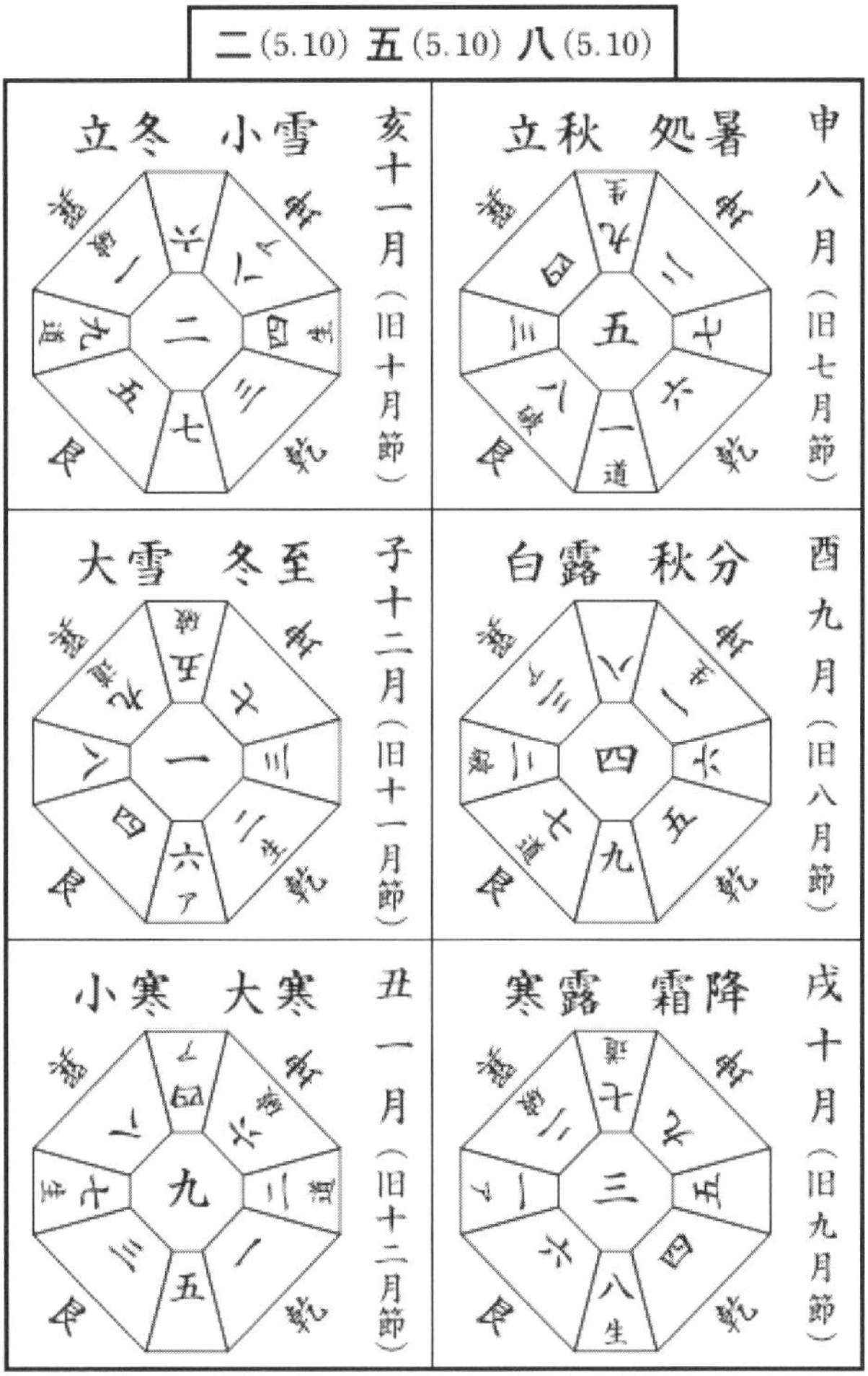
二(5.10) 五(5.10) 八(5.10)
申 八月 (旧七月節)
立秋 処暑
酉 九月 (旧八月節)
白露 秋分
戌 十月 (旧九月節)
寒露 霜降
亥 十一月 (旧十月節)
立冬 小雪
子 十二月 (旧十一月節)
大雪 冬至
丑 一月 (旧十二月節)
小寒 大寒

[月盤表の解説]

月盤表を理解するためには、まず九星と十二支の関係についても理解しておくことです。九星と十二支の関係は下表のような関係にあります。

この表に順って、月盤表は三つのグループに区分されます。この区分については、各表の欄外上に、例えば、

左頁上に　一（1．6）、四（3．8）、七（4．9）
右頁上に　子　卯　午　酉年の月盤

と表示してありますので、これを確認して月盤を使って下さい。

以下、箇条書きにして説明していきます。

例えば、平成18年5月の月盤を調べようとすると、

①平成18年の九星か、十二支がわかっていなければなりません。これ

[年の九星のグループ]　　　　[年の十二支のグループ]

一白水星	四緑木星	七赤金星		子	卯	午	酉
三碧木星	六白金星	九紫火星		丑	辰	未	戌
二黒土星	五黄土星	八白土星		寅	巳	申	亥

は、本書付録の本命星早見表によって知ることが出来ます。

②これによれば、平成18年は丙戌三碧木星ということがわかります。

③従って、月盤の三碧木星、六白金星、九紫火星のグループの月盤を使用することがわかります。

④さらにこの頁の巳五月が探している月盤ということになります。いま、この月盤を抜き出して、この月の方位の吉凶、運気の強弱を俯瞰しますと、次のようになります。

［平成18年　丙戌三碧木星年盤］

巽	南	坤
2ハ	7	9
1ア	3	5
6	8	4
艮	北	乾

(東：左、西：右)

［巳五月盤］

巽	南	坤
1	6	8ア
9生	2	4道
5	7	3ハ
艮	北	乾

(東：左、西：右)

⑤以上から、平成18年の五月の月盤は巳二黒土星ということになります。同じく、この年のこの月の生まれの人の月命星は巳二黒土星ということになります。方位としてこの盤が示していることは、艮方位が五黄殺方位、坤方位が暗剣殺方位、また、巳月ですから、月破が乾方位につき、これで三大凶方となり、いずれの人も、方位として使うことはできません。また、もし本命星が七赤金星の人ですと、北は本命殺、南は的殺でやはり大凶方となります。また、吉方位としては巽方位が相生ということになります。また東西には天道、生気という吉神がついていますから、たとえ、七赤金星と相剋であっても、吉神に助けられて吉方位となります。また、運気としては、月の範囲内ですが本命星が四緑木星と九紫火星の人は、吉神を帯同しており、その分、運気はアップ、とくに九紫火星の人は、年運に準じてみれば、坤に回座しているので、さらに良しということになります。

このように、月運を見るときは、年運も考慮しなければなりません。

［3］九星・五行・干支・四季対応図

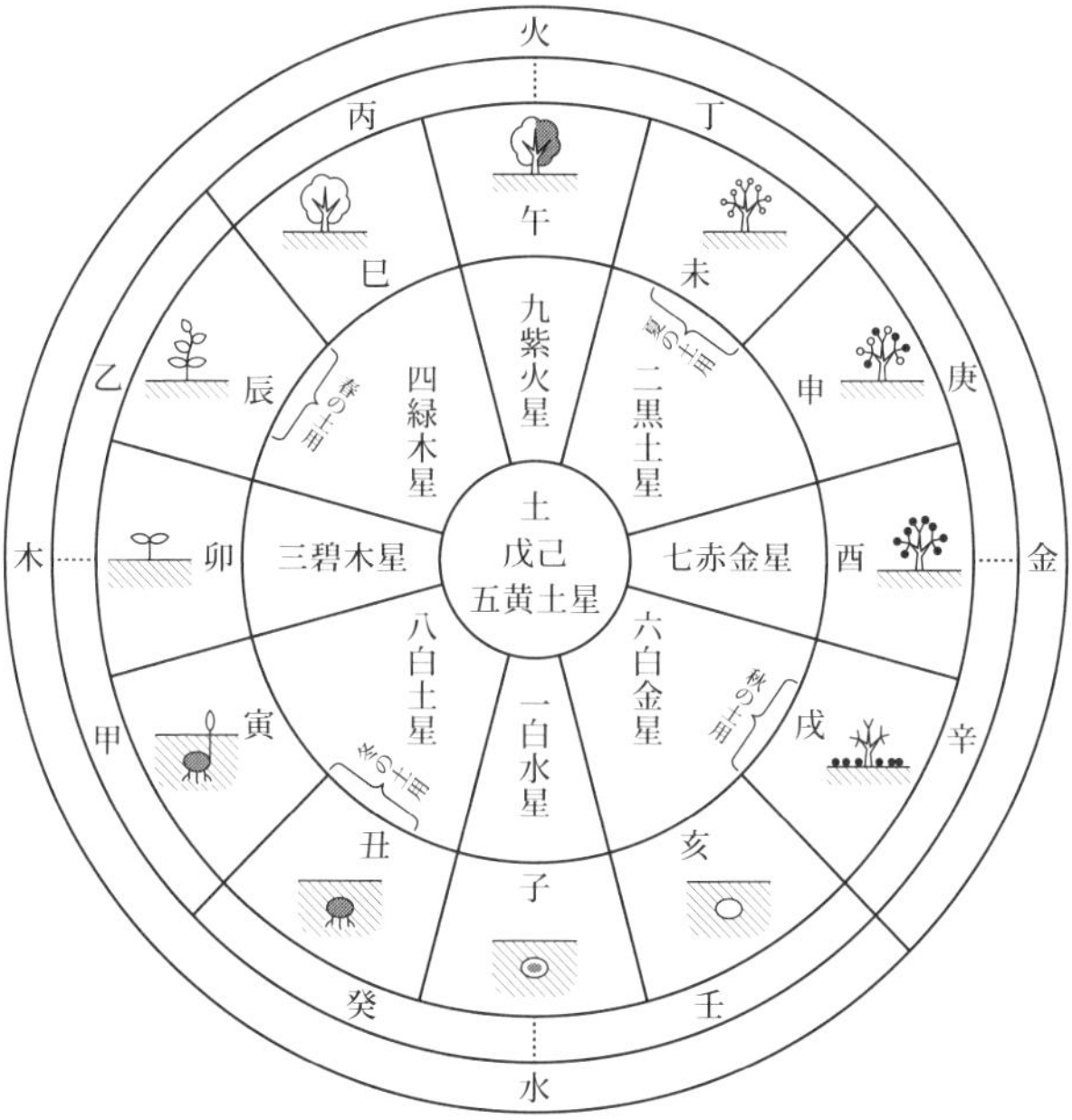

『気学用語事典』より

［九星・五行・干支・四季対応図の解説］

この円図は、九星・五行・干支・四季を一括して組みあわせた図です。

例えば、一白水星は、

①十二支が子

②十干が壬と癸を半々にもっており

③植物に喩えると、種子が地中深く潜っている状態（冬ごもり状態）仲冬

④五行は水

ということを示した図です。

以上のように九星それぞれが関連する、五行、干支、四季が一目でわかるように配置した円図です。

本命星早見表

年号	西暦	十干・十二支	本命星(年の九星)
大正　11	1922	壬・戌	六白金星
12	1923	癸・亥	五黄土星
13	1924	甲・子	四緑木星
14	1925	乙・丑	三碧木星
昭和　元	1926	丙・寅	二黒土星
2	1927	丁・卯	一白水星
3	1928	戊・辰	九紫火星
4	1929	己・巳	八白土星
5	1930	庚・午	七赤金星
6	1931	辛・未	六白金星
7	1932	壬・申	五黄土星
8	1933	癸・酉	四緑木星
9	1934	甲・戌	三碧木星
10	1935	乙・亥	二黒土星
11	1936	丙・子	一白水星
12	1937	丁・丑	九紫火星
13	1938	戊・寅	八白土星
14	1939	己・卯	七赤金星
15	1940	庚・辰	六白金星
16	1941	辛・巳	五黄土星
17	1942	壬・午	四緑木星
18	1943	癸・未	三碧木星
19	1944	甲・申	二黒土星
20	1945	乙・酉	一白水星
21	1946	丙・戌	九紫火星

＊一年の期間(原則2月4日立春～翌年2月3日節分まで)

年号	西暦	十干 ・十二支	本命星(年の九星)
22	1947	丁・亥	八白土星
23	1948	戊・子	七赤金星
24	1949	己・丑	六白金星
25	1950	庚・寅	五黄土星
26	1951	辛・卯	四緑木星
27	1952	壬・辰	三碧木星
28	1953	癸・巳	二黒土星
29	1954	甲・午	一白水星
30	1955	乙・未	九紫火星
31	1956	丙・申	八白土星
32	1957	丁・酉	七赤金星
33	1958	戊・戌	六白金星
34	1959	己・亥	五黄土星
35	1960	庚・子	四緑木星
36	1961	辛・丑	三碧木星
37	1962	壬・寅	二黒土星
38	1963	癸・卯	一白水星
39	1964	甲・辰	九紫火星
40	1965	乙・巳	八白土星
41	1966	丙・午	七赤金星
42	1967	丁・未	六白金星
43	1968	戊・申	五黄土星
44	1969	己・酉	四緑木星
45	1970	庚・戌	三碧木星
46	1971	辛・亥	二黒土星

年号	西暦	十干 ・十二支	本命星(年の九星)
47	1972	壬・子	一白水星
48	1973	癸・丑	九紫火星
49	1974	甲・寅	八白土星
50	1975	乙・卯	七赤金星
51	1976	丙・辰	六白金星
52	1977	丁・巳	五黄土星
53	1978	戊・午	四緑木星
54	1979	己・未	三碧木星
55	1980	庚・申	二黒土星
56	1981	辛・酉	一白水星
57	1982	壬・戌	九紫火星
58	1983	癸・亥	八白土星
59	1984	甲・子	七赤金星
60	1985	乙・丑	六白金星
61	1986	丙・寅	五黄土星
62	1987	丁・卯	四緑木星
63	1988	戊・辰	三碧木星
平成　元	1989	己・巳	二黒土星
2	1990	庚・午	一白水星
3	1991	辛・未	九紫火星
4	1992	壬・申	八白土星
5	1993	癸・酉	七赤金星
6	1994	甲・戌	六白金星
7	1995	乙・亥	五黄土星
8	1996	丙・子	四緑木星

年号	西暦	十干・十二支	本命星(年の九星)
9	1997	丁・丑	三碧木星
10	1998	戊・寅	二黒土星
11	1999	己・卯	一白水星
12	2000	庚・辰	九紫火星
13	2001	辛・巳	八白土星
14	2002	壬・午	七赤金星
15	2003	癸・未	六白金星
16	2004	甲・申	五黄土星
17	2005	乙・酉	四緑木星
18	2006	丙・戌	三碧木星
19	2007	丁・亥	二黒土星
20	2008	戊・子	一白水星
21	2009	己・丑	九紫火星
22	2010	庚・寅	八白土星
23	2011	辛・卯	七赤金星
24	2012	壬・辰	六白金星
25	2013	癸・巳	五黄土星
26	2014	甲・午	四緑木星
27	2015	乙・未	三碧木星
28	2016	丙・申	二黒土星
29	2017	丁・酉	一白水星
30	2018	戊・戌	九紫火星
令和　元	2019	己・亥	八白土星
2	2020	庚・子	七赤金星
3	2021	辛・丑	六白金星

年号	西暦	十干・十二支	本命星(年の九星)
4	2022	壬・寅	五黄土星
5	2023	癸・卯	四緑木星
6	2024	甲・辰	三碧木星
7	2025	乙・巳	二黒土星
8	2026	丙・午	一白水星
9	2027	丁・未	九紫火星
10	2028	戊・申	八白土星
11	2029	己・酉	七赤金星
12	2030	庚・戌	六白金星
13	2031	辛・亥	五黄土星
14	2032	壬・子	四緑木星
15	2033	癸・丑	三碧木星
16	2034	甲・寅	二黒土星
17	2035	乙・卯	一白水星
18	2036	丙・辰	九紫火星
19	2037	丁・巳	八白土星
20	2038	戊・午	七赤金星
21	2039	己・未	六白金星
22	2040	庚・申	五黄土星
23	2041	辛・酉	四緑木星
24	2042	壬・戌	三碧木星
25	2043	癸・亥	二黒土星
26	2044	甲・子	一白水星
27	2045	乙・丑	九紫火星
28	2046	丙・寅	八白土星

おわりに

30年にわたる平成の時代が幕をおろすとともに、長年にわたって思索を続けてきた「五黄土星の解釈を洗い直す」という気学の核心中の核心とも言うべき私の課題も、平成最後の年に行われた「運命学奥義」（講義録収録）において、その作業がほぼ終了しました。令和に入ったいま、視点を百八十度転回して、逆に、気学の初歩中の初歩というべき象意の意味と意義を見直すことは、気学の基盤を再構成しようとする私にとって、最後の課題でありました。

また、本書の「第Ⅳ章　気学の真実」では［2］先天定位盤の真実　をはじめ気学の諸問題について、従来の気学解釈にとらわれず、長年にわたって私が理解するところを披瀝することができました。これらによって、気学に携わり気学を実践する者として、大きな肩の荷をおろしたような気がいたします。

こうした経緯をへて本書が上梓されることになった次第ですが、ここに至るについては、スタッフの方々の様々な力が結集されました。ことに、私の気学の同行者とも言うべき、伊藤聖優雨氏（聖法氣學會会長）からは、企画、校正、出版のすべてにわたる親身なご協力があったことに触れないわけにはいきません。この場をかりて、伊藤聖優雨氏の御協力と気学への篤い思いに、深い感謝と敬意の念を表するものであります。

この本を手にとる皆様にとって、人生を切り拓く運命学としての気学が、僅かではあれ方向性や確信を示唆する役割を果たすことが出来ればと願っております。

最後に、出版にあたって、風詠社スタッフの方々の行き届いた対応に心から御礼申し上げます。

令和3年8月1日

松田統聖　記す

［追記］

このたび、本書の原稿を入稿した直後、移転のために蔵書の整理をした際、偶然、本箱の裏側に一冊の本が隠れているのを見つけ出しました。それは木下鉄矢氏の『朱子学』（講談社選書メチエ）でした。奥付によると２０１３年７月10日の発行になっています。勿論、当時、私は一度は読んだのですが、懐かしく手にとってページをめくってみて、あらためて木下氏の朱子の性と理についての解釈の明快さに驚きました。在野で気学に携わる前、私が大学の研究者であった頃、西洋の実存哲学、中国の老荘思想に関わった経験から、気学においても現代気学の確立者である園田真次郎氏によって、朱子の太極に擬せられてきた五黄土星の批判を行い、その結果をいくつかの書籍にまとめてきました。その過程に於いて、朱子学研究の代表的な入門書ともいうべき島田虔次氏の『朱子学と陽明学』（岩波新書）を筆頭に、三浦國雄氏の『朱子』（講談社）、さらには朱子の太極と理に関する多くの研究書、各大学の紀要に目を通してきましたが、いずれも、そこで説明されている朱子の理、太極の理解は、木下氏の言葉を借りれば、「モノ」と「コト」の違いについての理解が曖昧で、その結果、当時の私は従来の諸説に釈然としない思いを抱いたままに過ごして来ました。園田氏の五黄土星と太極の関係も曖昧さ、不徹底さを多分に残しており、それを明らかにすることが気学に携わる私の課題でした。しかし、すでに木下氏は『朱子学』の随所において多様な表現を駆使して、朱子の論を的確に解きほぐしていたのです。

例えば、日本人研究者が朱子の理を正しく解釈できないのは、朱子の言う物について、モノとコトの朱子に即した解釈ができていないからであるとし、『日本に育ち日本の小学校教育で「物」や「事」などの漢字をいわば日本語として叩き込まれた人間は、……ほとんど無自覚に「物」字を「もの」と読み、「モノ」と理解してしまいます。』（188ページ）と鋭く指摘しています。また、241ページのリンゴを例にした木下氏の解説は、あたかも朱子が弟子達に理を教える苦労を彷彿とさせるような丁寧でわかりやすい説明がされています。また、『……「動」から「静」、「静」から「動」への転換が絶妙のバランス、タイミングで行われる、そこに或る絶妙なバランス感覚を感じ取り、その感じ取ったバランス感覚を、絶妙のバランス、タイミングで「動・静」の切り替えを行っている或る主動主体に変移させたものが朱熹の云う「太極＝理」であると云うことが出来るでしょう。』（133ページ）という解釈や、「化育之功」を解説して「天地が草木に及ぶ万物（生きとし生けるもの）をぐいぐいと生み出し、生かし、はぐくむ、その働きのエネルギッシュで確かな実を結ぶ充実した働き振り、そのさま、ということになります。」（255ページ）という記述は、朱子の解説のみにとどまらず、中華思想の根帯をえぐり出した言葉として、「お見事」という一語につきます。

勿論、私が携わる気学は在野の運命学であり、学問のレベルで朱子学を正統に解釈することが目的ではありません。事実、気学では多くの部分で変質しております。しかし、気学を離れて「朱子がいう太極、理、気とは何か」という中国思想という視点に立つ限り、太極の解釈が私だけのひとりよがり的なものではなかった、ということができました。ここにあえて追記として述べた次第です。

松田統聖　記

著者略歴

松田　統聖（まつだ とうせい）

東京教育大学大学院 哲学科博士課程 在籍中に、筑波大学（哲学科）講師となる。その間、韓国精神文化研究院から招聘され、韓国の研究機関において易学、太極論の研究を深める。帰国後、運命学に専念するため筑波大学を退官。聖法氣學會 会長をへて、現在、聖法氣學會 名誉会長。
著書に『気学の力』『九星の秘密』『実践する気学』『気学用語事典』（共著を含む）など多数。

花澤　瑛象（はなざわ えいしょう）

東京都出身。複雑な家庭の中で思春期を送り、その後、結婚、離婚を経験する。その間培った幅広い人脈によって起業し現在に至る。

多難な青春期、運命学に関心をもちライフワークとして運命学を学ぶ。

縁あって気学に出会い、十年にわたって聖法氣學會において気学を研鑽する。

現在、松田統聖名誉会長に師事。聖法氣學會 参事。

気学の初歩から哲理まで

2021年10月14日　第1刷発行

著　者　松田統聖・花澤瑛象
発行人　大杉　剛
発行所　株式会社 風詠社
〒553-0001　大阪市福島区海老江5-2-2
大拓ビル5-7階
Tel 06（6136）8657　https://fueisha.com/
発売元　株式会社 星雲社
（共同出版社・流通責任出版社）
〒112-0005　東京都文京区水道1-3-30
Tel 03（3868）3275
装幀　2DAY
印刷・製本　シナノ印刷株式会社

ISBN978-4-434-29543-0 C0011

聖法氣學會　気学書籍シリーズ

◎気学千夜一夜（伊藤聖優雨著）　風詠社刊

◎気学の力（松田統聖著）　東洋書院刊

◎気学の初歩から哲理まで（松田統聖／花澤瑛象 著）　風詠社刊

◎九星の秘密（松田統聖著）　東洋書院刊

◎実践する気学（松田統聖／伊藤聖優雨 著）　東洋書院刊

◎気学用語事典（松田統聖／作道潤聖 著）　東洋書院刊

◎気学の真髄（聖法氣學會編）　東洋書院刊

—聖法氣學會の60年にわたる歴史を記し、あわせて松田統聖名誉会長執筆による論説「気学の真随」を所収—

氣學明鑒（松田統聖監修　伊藤聖優雨／作道潤聖著／聖法氣學會　出版）

気学開運手帳（聖法氣學會　出版）

詳しくは、聖法氣學會　公式ホームページにてご覧下さい。